Índice

Parte 1: Introducción a JavaScript

1. **Historia y Evolución de JavaScript** ……………....6
   - Orígenes y evolución del lenguaje
   - ES6 y versiones posteriores
   - Uso y popularidad en la web

2. **Conceptos Básicos**……………………………………9
   - ¿Qué es JavaScript?
   - Primer programa en JavaScript
   - Inclusión de JavaScript en HTML
   - Herramientas y entornos de desarrollo

Parte 2: Fundamentos del Lenguaje

3. **Sintaxis y Estructura**…………………………….…..14
   - Comentarios
   - Variables y tipos de datos
   - Operadores

4. **Control de Flujo**………………………………………...19
   - Condicionales (if, else, switch)
   - Bucles (for, while, do-while)
   - Manejo de errores (try, catch, finally)

5. **Funciones**……………………………………….41
   - Declaración de funciones
   - Parámetros y argumentos

- Ámbitos de las funciones
- Funciones anidadas

6. **Objetos y Arrays**..................................44
    - Objetos
    - Arrays
    - Iteración sobre Objetos y Arrays
    - Desestructuración de Arrays

Ejercicios prácticos..53

Parte 3: Programación Avanzada

7. **Programación Orientada a Objetos**.............56
    - Conceptos básicos de POO
    - Clases y objetos
    - Herencia
    - Encapsulación
    - Polimorfismo
    - Métodos estáticos y propiedades estáticas

8. **Funciones Avanzadas**...........................61
    - Funciones flecha
    - Funciones de orden superior
    - Clousures
    - Funciones asíncronas – Async/Await
    - Funciones generadoras
    - Funciones inmediatas

9. **Manipulación del DOM**..........................77
    - Introducción al DOM

- Selección de elementos
- Manipulación del contenido
- Manipulación de estilos
- Eventos
- Creación y eliminación de elementos

10. **AJAX y Fetch API**..................................**...85**

- Introducción a AJAX
- Métodos XMLHttpRequest
- Introducción a Fetch API
- Opciones de Fetch API
- Manejo de errores
- Peticiones asíncronas con async/await
- Comparación entre XMLHttpRequest y Fetch API
- Ejemplos prácticos

Ejercicios prácticos...................................**..92**

Parte 4: Herramientas y Ecosistema

11. **Desarrollo Asistido**..............................**...95**

- Editores de código IDE
- Sistemas de control de versiones
- Herramientas de análisis de código
- Depuración y pruebas
- Automatización de tareas

12. **Módulos y NPM**...................................**..102**

- Introducción a los módulos en JavaScript
- NPM (Node Package Manager)
- Publicación de paquetes en NPM

13. Transpiladores y Compiladores......................108
- ¿Qué es un Transpilador?
- Babel
- TypeScript
- Otros Transpiladores y compiladores

Parte 5: Frameworks y Librerías Populares

14. Introducción a jQuery................................117
- Historia y ventajas de jQuery
- Integración de jQuery en un proyectos
- Selectores y manipulación del DOM
- Manejo de eventos
- AJAX con jQuery
- Animaciones y efectos
- Plugins de jQuery
- Casos de uso comunes

15. React..125
- Conceptos básicos de React
- Componentes y props
- Estado y ciclo de vida
- Hooks

16. Vue.js...130
- Fundamentos de Vue.js
- Componentes, directivas y eventos
- Manejo del estado con Vuex
- Vue Router

17. **Angular**..…..138
   - Fundamentos de Angular
   - Componentes y Plantillas
   - Servicios e Inyección de dependencias
   - Enrutamiento en Angulas
   - Formularios en Angular
   - HTTP y Observables

Parte 6: Pruebas y Buenas Prácticas

18. **Pruebas en JavaScript**..............................…..147
    - Unit tests con Jasmine y Jest
    - End-to-end testing con Cypress
    - Test-driven development (TDD)

19. **Buenas Prácticas y Patrones de Diseño**............152
    - Escribir código limpio y legible
    - Uso efectivo de variables y constantes
    - Manejo de errores
    - Documentación y comentarios
    - Principios de diseño de software
    - Uso de herramientas de calidad de código
    - Pruebas automatizadas

Parte 7: Proyectos

20. **Proyectos Prácticos**..................................159
    - Calculadora simple
    - Aplicación de lista de tareas
    - Aplicación de conversión de moneda
    - Juego de memoria

Parte 8: Recursos Adicionales

21. Recursos y Lecturas Adicionales..................177
- Documentación oficial y comunidades
- Cursos y tutoriales recomendados
- Herramientas y utilidades avanzadas

22. Apéndices...180
- Atajos de teclado y trucos de desarrollo
- Referencias rápidas de sintaxis
- Glosario de términos

23. Soluciones de los ejercicios...185

Parte 1: Introducción a JavaScript

1. Historia y Evolución de JavaScript

1.1 Orígenes y Evolución del Lenguaje

JavaScript fue creado en 1995 por Brendan Eich mientras trabajaba en Netscape Communications Corporation. El objetivo era desarrollar un lenguaje que pudiera ser ejecutado en el navegador para crear páginas web más dinámicas e interactivas. Originalmente, JavaScript fue desarrollado en solo 10 días y se lanzó como parte de Netscape Navigator 2.0.

Inicialmente, el lenguaje fue llamado "Mocha", luego "LiveScript", y finalmente "JavaScript". A pesar de su nombre, JavaScript no tiene una relación directa con el lenguaje de programación Java, aunque ambos comparten una sintaxis similar debido a sus influencias comunes de C.

Hitos Importantes en la Historia de JavaScript:

- **1995:** Creación de JavaScript (inicialmente llamado Mocha, luego LiveScript) por Brendan Eich en Netscape.
- **1996:** Microsoft lanza JScript, una implementación de JavaScript para su navegador Internet Explorer.
- **1997:** ECMA International crea el estándar ECMAScript (ES1), basado en JavaScript.
- **1999:** Lanzamiento de ECMAScript 3 (ES3), que añade muchas características importantes.
- **2009:** Publicación de ECMAScript 5 (ES5), que introduce mejoras significativas como el "strict mode".
- **2015:** Lanzamiento de ECMAScript 6 (ES6/ES2015), una actualización importante que añade características modernas como clases, módulos, y arrow functions.
- **Desde 2015:** Actualizaciones anuales del estándar ECMAScript, introduciendo nuevas características y mejoras continuamente (ES2016, ES2017, etc.).

1.2 ES6 y Versiones Posteriores

ECMAScript 6, también conocido como ES6 o ES2015, marcó un punto de inflexión en la evolución de JavaScript, introduciendo una serie de mejoras que lo convirtieron en un lenguaje mucho más robusto y moderno. Algunas de las características más destacadas incluyen:

- **Sintaxis de clases:** Introducción de una sintaxis similar a la de otros lenguajes orientados a objetos para definir clases.

- **Módulos:** Importación y exportación de módulos, facilitando la organización del código.
- **Arrow Functions:** Una sintaxis más corta para definir funciones, que además heredan el `this` del contexto de ejecución actual.
- **Let y Const:** Nuevas formas de declarar variables con ámbito de bloque.
- **Template Literals:** Plantillas de cadena de texto que permiten incrustar expresiones y crear cadenas multilínea fácilmente.
- **Destructuring:** Asignación de valores a variables a partir de arrays u objetos de forma más concisa.
- **Promises:** Una forma más manejable de trabajar con operaciones asíncronas.

Desde ES6, se han lanzado versiones anuales del estándar, cada una agregando nuevas funcionalidades y mejoras. Algunos ejemplos de características añadidas en versiones posteriores incluyen:

- **Async/Await (ES2017):** Simplifica el trabajo con promesas, permitiendo escribir código asíncrono de manera más parecida al sincrónico.
- **BigInt (ES2020):** Soporte para enteros de tamaño arbitrario.
- **Nullish Coalescing Operator (ES2020):** `??` para manejar valores nulos o indefinidos de manera más efectiva.
- **Optional Chaining (ES2020):** `?.` para simplificar el acceso a propiedades profundamente anidadas.

1.3 Uso y Popularidad en la Web

JavaScript ha crecido exponencialmente desde su creación y se ha convertido en el lenguaje de programación más utilizado en la web. Algunas razones clave para su popularidad incluyen:

- **Ejecución en el Navegador:** JavaScript es el único lenguaje de programación que los navegadores web pueden ejecutar de manera nativa, lo que lo hace indispensable para el desarrollo web.
- **Interactividad:** Permite a los desarrolladores crear experiencias de usuario dinámicas e interactivas, desde simples efectos de animación hasta aplicaciones web complejas.
- **Ecosistema y Herramientas:** Un vasto ecosistema de librerías y frameworks (como React, Angular, y Vue.js) que facilitan el desarrollo de aplicaciones web modernas.
- **Comunidad Activa:** Una comunidad de desarrolladores muy activa que contribuye con recursos, tutoriales, y soporte.
- **Compatibilidad:** A pesar de las diferencias entre navegadores, se han establecido estándares que garantizan un comportamiento consistente del código JavaScript en distintos entornos.

JavaScript también ha trascendido el desarrollo web tradicional, con el surgimiento de tecnologías como Node.js, que permite ejecutar JavaScript en el servidor, y frameworks como Electron, que permiten desarrollar aplicaciones de escritorio con tecnologías web.

En resumen, JavaScript ha evolucionado significativamente desde sus humildes comienzos, convirtiéndose en una herramienta poderosa y versátil que es fundamental para el desarrollo web y más allá.

2. Conceptos Básicos

2.1 ¿Qué es JavaScript?

JavaScript es un lenguaje de programación de alto nivel, dinámico y débilmente tipado, que se utiliza principalmente para crear contenido web interactivo. A diferencia de HTML y CSS, que se utilizan para definir la estructura y el estilo de las páginas web, JavaScript permite añadir funcionalidad y comportamiento dinámico a los sitios web. Es un lenguaje interpretado, lo que significa que no necesita ser compilado antes de ser ejecutado; en su lugar, el navegador interpreta el código en tiempo real.

JavaScript se ejecuta en el entorno del navegador, lo que le permite interactuar directamente con el Documento Objeto Modelo (DOM) de la página web, manipular elementos, manejar eventos de usuario, validar formularios y comunicarse con servidores remotos a través de AJAX, entre otras cosas.

2.2 Primer Programa en JavaScript

Para empezar a programar en JavaScript, solo necesitas un navegador web y un editor de texto. Aquí tienes un ejemplo sencillo de un programa en JavaScript que muestra un mensaje en la consola del navegador:

```
<!DOCTYPE html>
<html lang="es">
<head>
    <meta charset="UTF-8">
    <title>Mi Primer Programa en JavaScript</title>
</head>
<body>
```

```
        <h1>¡Hola, Mundo!</h1>
        <script>
            console.log('¡Hola, Mundo!');
        </script>
</body>
</html>
```

En este ejemplo, el código JavaScript se encuentra dentro de una etiqueta `<script>` en el documento HTML. Al abrir este archivo en un navegador, el mensaje "¡Hola, Mundo!" se mostrará en la consola del navegador.

2.3 Inclusión de JavaScript en HTML

JavaScript se puede incluir en un documento HTML de varias maneras:

1. En línea: Puedes escribir código JavaScript directamente dentro de una etiqueta `<script>` en el archivo HTML.

```
<!DOCTYPE html>
<html lang="es">
<head>
    <meta charset="UTF-8">
    <title>JavaScript en Línea</title>
</head>
<body>
    <script>
        console.log('Este es un script en línea.');
    </script>
</body>
</html>
```

2. Externo: Puedes escribir el código JavaScript en un archivo separado con la extensión `.js` y luego enlazarlo desde el documento HTML utilizando la etiqueta `<script>` con el atributo `src`.

```html
<!DOCTYPE html>
<html lang="es">
<head>
    <meta charset="UTF-8">
    <title>JavaScript Externo</title>
    <script src="mi-script.js"></script>
</head>
<body>
</body>
</html>
```

Archivo mi-script.js:

```
console.log('Este es un script externo.');
```

3. Interno: Puedes colocar el código JavaScript dentro de una etiqueta <script> en la sección <head> o <body> del HTML.

```html
<!DOCTYPE html>
<html lang="es">
<head>
    <meta charset="UTF-8">
    <title>JavaScript Interno</title>
    <script>
        console.log('Este es un script interno en el head.');
    </script>
</head>
<body>
    <script>
        console.log('Este es un script interno en el body.');
    </script>
</body>
</html>
```

2.4 Herramientas y Entornos de Desarrollo

Para desarrollar en JavaScript, hay una variedad de herramientas y entornos de desarrollo que pueden facilitar tu trabajo:

1. Editores de Texto y Entornos de Desarrollo Integrados (IDE):

- **Visual Studio Code:** Un editor de código fuente gratuito y de código abierto desarrollado por Microsoft. Ofrece numerosas extensiones para JavaScript.
- **Sublime Text:** Un editor de texto sofisticado para código, marcado y prosa.
- **Atom:** Un editor de texto hackeable desarrollado por GitHub.

2. Consolas del Navegador: Los navegadores modernos vienen con herramientas de desarrollo integradas que incluyen una consola de JavaScript. Puedes acceder a la consola en navegadores como Chrome, Firefox, Edge y Safari, generalmente con la tecla F12 o Ctrl+Shift+I (Cmd+Opt+I en Mac).

3. Preprocesadores y Transpiladores:

- **Babel:** Un transpilador que te permite escribir el código JavaScript moderno (ES6+) y convertirlo en una versión compatible con navegadores más antiguos.
- **TypeScript:** Un superconjunto de JavaScript que añade tipos estáticos y otras características avanzadas. TypeScript se transpiliza a JavaScript.

4. Gestores de Paquetes:

- **npm (Node Package Manager):** El gestor de paquetes oficial para Node.js. Permite instalar y gestionar dependencias para tus proyectos JavaScript.

- **Yarn:** Un gestor de paquetes rápido y fiable que se usa como alternativa a npm.

5. **Compiladores y Bundlers:**
   - **Webpack:** Un empaquetador de módulos para JavaScript que permite agrupar varios archivos y dependencias en un solo archivo o un conjunto de archivos optimizados.
   - **Parcel:** Un bundler de aplicaciones web sin configuración que funciona directamente con tus archivos de proyecto.

Con estas herramientas, estarás bien equipado para empezar a desarrollar en JavaScript de manera eficiente y productiva.

*Para Sacar máximo partido a este curso es necesario escribir todo el código que se presenta en un editor de código y realizar todos los ejercicios que se proponen. Por otro lado, se da por hecho que conoces los aspectos básicos de html y css.

Parte 2: Fundamentos del Lenguaje

3. Sintaxis y Estructura

3.1 Comentarios

Los comentarios en JavaScript se utilizan para explicar el código y hacer que sea más legible. No se ejecutan como parte del programa. Hay dos tipos de comentarios:

Comentarios de una sola línea:

```
// Este es un comentario de una sola línea
console.log('Hola, Mundo!');
```

Comentarios de múltiples líneas:

```
/*
```

```
Este es un comentario
de múltiples líneas
*/
console.log('Hola, Mundo!');
```

3.2 Variables y Tipos de Datos

Las variables se utilizan para almacenar datos que pueden ser utilizados y manipulados en el código. En JavaScript, puedes declarar variables utilizando `var`, `let`, o `const`.

Declaración de variables:

- `var`: Tiene un ámbito de función y puede ser reasignada.
- `let`: Tiene un ámbito de bloque y puede ser reasignada.
- `const`: Tiene un ámbito de bloque y no puede ser reasignada (aunque el contenido de los objetos y arrays puede cambiar).

Ejemplos:

```
var nombre = 'Juan';
let edad = 30;
const pais = 'España';

// Reasignación
nombre = 'Pedro';
edad = 31;
// pais = 'Francia'; // Error: no se puede reasignar una constante
```

Tipos de datos:

- **Primitivos:**
    - `string`: Cadenas de texto
    - `number`: Números (enteros y de punto flotante)
    - `boolean`: `true` o `false`
    - `null`: Un valor intencionalmente vacío

- `undefined`: Una variable declarada pero no asignada
- `symbol`: Valores únicos y no modificables
- `bigint`: Números enteros grandes
- **Objeto:**
  - `object`: Colección de propiedades
  - `array`: Lista ordenada de valores
  - `function`: Bloque de código que se puede ejecutar

Ejemplos:

```
let texto = 'Hola';
let numero = 42;
let esVerdadero = true;
let vacio = null;
let sinDefinir;
let simbolo = Symbol('simbolo');
let numeroGrande = 12345678901234567890123456789 0n;

let objeto = { clave: 'valor' };
let lista = [1, 2, 3];
let funcion = function() { return 'Hola'; };
```

3.3 Operadores

Los operadores en JavaScript permiten realizar operaciones sobre variables y valores.

1. Operadores aritméticos:

- Suma (+): Añade dos números.
- Resta (-): Resta el segundo número del primero.
- Multiplicación (*): Multiplica dos números.
- División (/): Divide el primer número por el segundo.

- Módulo (%): Devuelve el resto de la división de dos números.
- Exponenciación (**): Eleva el primer número a la potencia del segundo.
- Incremento (++): Aumenta una variable en uno.
- Decremento (--): Disminuye una variable en uno.

Ejemplos:

```
let a = 10;
let b = 5;
console.log(a + b);  // 15
console.log(a - b);  // 5
console.log(a * b);  // 50
console.log(a / b);  // 2
console.log(a % b);  // 0
console.log(a ** b); // 100000
a++;
console.log(a);  // 11
b--;
console.log(b);  // 4
```

2. Operadores de asignación:

- Asignación (=): Asigna un valor a una variable.
- Suma y asignación (+=): Suma y asigna el resultado.
- Resta y asignación (-=): Resta y asigna el resultado.
- Multiplicación y asignación (*=): Multiplica y asigna el resultado.
- División y asignación (/=): Divide y asigna el resultado.
- Módulo y asignación (%=): Calcula el módulo y asigna el resultado.

Ejemplos:

```
let c = 20;
c += 10;  // c = c + 10;  => 30
c -= 5;   // c = c - 5;   => 25
```

```
c *= 2;  // c = c * 2;  => 50
c /= 5;  // c = c / 5;  => 10
c %= 3;  // c = c % 3;  => 1
```

3. Operadores de comparación:

- Igualdad (==): Compara dos valores para igualdad (con conversión de tipos).
- Desigualdad (!=): Compara dos valores para desigualdad (conversión de tipos).
- Estrictamente igual (===): Compara dos valores para igualdad sin conversión de tipos.
- Estrictamente desigual (!==): Compara dos valores para desigualdad sin conversión de tipos.
- Mayor que (>): Comprueba si el primer valor es mayor que el segundo.
- Menor que (<): Comprueba si el primer valor es menor que el segundo.
- Mayor o igual que (>=): Comprueba si el primer valor es mayor o igual al segundo.
- Menor o igual que (<=): Comprueba si el primer valor es menor o igual al segundo.

Ejemplos:

```
let x = 10;
let y = '10';
console.log(x == y);   // true
console.log(x === y);  // false
console.log(x != y);   // false
console.log(x !== y);  // true
console.log(x > 5);    // true
console.log(x < 15);   // true
console.log(x >= 10);  // true
console.log(x <= 10);  // true
```

4. Operadores lógicos:

- AND (&&): Devuelve `true` si ambos operandos son `true`.
- OR (||): Devuelve `true` si al menos uno de los operandos es `true`.
- NOT (!): Invierte el valor booleano del operando.

Ejemplos:

```
let p = true;
let q = false;
console.log(p && q);  // false
console.log(p || q);  // true
console.log(!p);      // false
console.log(!q);      // true
```

Estos fundamentos de sintaxis y operadores son esenciales para escribir y entender el código en JavaScript. Con esta base, puedes comenzar a construir programas más complejos y aprender a manejar el control de flujo y la lógica en tus scripts.

4. Control de Flujo

4.1 Condicionales (if, else, switch)

Estructuras Condicionales: Las estructuras condicionales permiten ejecutar bloques de código basados en condiciones. Las dos estructuras condicionales más comunes en JavaScript son `if...else` y `switch`.

1. if...else

La estructura `if...else` evalúa una condición y ejecuta un bloque de código si la condición es verdadera. Puedes encadenar múltiples condiciones usando `else if`, y definir un bloque alternativo con `else`.

Sintaxis:

```
if (condición) {
    // Código a ejecutar si la condición es verdadera
} else if (otraCondición) {
    // Código a ejecutar si otraCondición es verdadera
} else {
    // Código a ejecutar si ninguna condición anterior es verdadera
}
```

Imagina que tienes que tomar una decisión basada en la edad de una persona. Dependiendo de la edad, quieres imprimir un mensaje diferente. Por ejemplo:

- Si la persona tiene menos de 18 años, quieres decir "Eres menor de edad."
- Si la persona tiene 18 años o más, pero menos de 65 años, quieres decir "Eres adulto."
- Si la persona tiene 65 años o más, quieres decir "Eres mayor."

Para hacer esto en JavaScript, usarás la estructura `if...else`.

Ejemplo:

```
let edad = 20;

if (edad < 18) {
    console.log('Eres menor de edad.');
} else if (edad >= 18 && edad < 65) {
    console.log('Eres adulto.');
} else {
    console.log('Eres mayor.');
}
```

Desglose del ejemplo:

1. **Declaración de la variable:**

```
let edad = 20;
```

Aquí estamos creando una variable llamada edad y asignándole el valor 20.

2. **Primera condición (if):**

```
if (edad < 18) {
    console.log('Eres menor de edad.');
}
```

Esta parte verifica si la edad es menor que 18. Si es así, se ejecuta el bloque de código dentro de las llaves { } y se imprime "Eres menor de edad."

3. **Segunda condición (else if):**

```
else if (edad >= 18 && edad < 65) {
    console.log('Eres adulto.');
}
```

Si la primera condición no se cumple, se evalúa esta segunda condición. Verifica si la edad es 18 o mayor, pero menor que 65. Si es así, se imprime "Eres adulto."

4. **Condición final (else):**

```
else {
    console.log('Eres mayor.');
}
```

Si ninguna de las condiciones anteriores se cumple, se ejecuta este último bloque de código. En este caso, si la edad es 65 o mayor, se imprime "Eres mayor."

Visualización de la lógica:

- Si edad es 17:
    - Imprime "Eres menor de edad."

- Si `edad` es 20:
    - Imprime "Eres adulto."
- Si `edad` es 70:
    - Imprime "Eres mayor."

Cómo funciona:

- JavaScript evalúa la condición dentro del `if`.
- Si la condición es verdadera (`true`), ejecuta el código dentro de ese bloque.
- Si la condición es falsa (`false`), pasa al siguiente `else if` o `else`.
- Solo se ejecuta uno de los bloques de código, el primero cuya condición sea verdadera.

Con esta estructura, puedes tomar decisiones en tu código basadas en diferentes condiciones, permitiendo que tu programa sea más interactivo y dinámico.

2. switch

La estructura `switch` evalúa una expresión y ejecuta el código correspondiente al caso que coincida. Si no hay coincidencias, se ejecuta el bloque `default`.

Sintaxis:

```
switch (expresión) {
    case valor1:
        // Código a ejecutar si expresión === valor1
        break;
    case valor2:
        // Código a ejecutar si expresión === valor2
        break;
    default:
        // Código a ejecutar si no hay coincidencias
}
```

Imagina que tienes que imprimir un mensaje diferente dependiendo del día de la semana. En lugar de usar múltiples `if...else if` para comparar el día, puedes usar una estructura `switch`, que es más clara y fácil de leer cuando tienes muchas condiciones posibles.

Ejemplo:

```
let dia = 'martes';

switch (dia) {
    case 'lunes':
        console.log('Hoy es lunes.');
        break;
    case 'martes':
        console.log('Hoy es martes.');
        break;
    case 'miércoles':
        console.log('Hoy es miércoles.');
        break;
    default:
        console.log('No es un día válido.');
}
```

Desglose del ejemplo:

1. **Declaración de la variable:**

    ```
    let dia = 'martes';
    ```

    Aquí estamos creando una variable llamada `dia` y asignándole el valor 'martes'.

2. **Inicio del switch:**

    ```
    switch (dia) {
    ```

    La expresión dentro de `switch` (en este caso, `dia`) se evalúa una vez y se compara con los valores definidos en cada caso.

3. **Primera condición (case 'lunes'):**

```
case 'lunes':
    console.log('Hoy es lunes.');
    break;
```

Si `dia` es 'lunes', se ejecuta `console.log('Hoy es lunes.');` y luego `break` detiene la ejecución de más casos.

4. **Segunda condición (case 'martes'):**

```
case 'martes':
    console.log('Hoy es martes.');
    break;
```

Si `dia` es 'martes', se ejecuta `console.log('Hoy es martes.');` y luego `break` detiene la ejecución de más casos.

5. **Tercera condición (case 'miércoles'):**

```
case 'miércoles':
    console.log('Hoy es miércoles.');
    break;
```

Si `dia` es 'miércoles', se ejecuta `console.log('Hoy es miércoles.');` y luego `break` detiene la ejecución de más casos.

6. **Caso por defecto (default):**

```
default:
    console.log('No es un día válido.');
```

Si `dia` no coincide con ninguno de los casos anteriores, se ejecuta el código en `default`.

Visualización de la lógica:

- Si dia es 'lunes':
    - Imprime "Hoy es lunes."
- Si dia es 'martes':
    - Imprime "Hoy es martes."
- Si dia es 'miércoles':
    - Imprime "Hoy es miércoles."
- Si dia no es 'lunes', 'martes', ni 'miércoles':
    - Imprime "No es un día válido."

Cómo funciona:

- JavaScript evalúa la expresión en el switch una vez y la compara con cada case.
- Si encuentra un case que coincide con el valor de la expresión, ejecuta el código dentro de ese case.
- El break es crucial porque detiene la ejecución de los casos siguientes. Sin break, JavaScript ejecutaría todos los casos siguientes al que coincidió (esto se llama "fall-through").
- Si ninguna condición coincide, se ejecuta el bloque default.

Ejemplo Completo:

```
let dia = 'martes';

switch (dia) {
    case 'lunes':
        console.log('Hoy es lunes.');
        break;
    case 'martes':
        console.log('Hoy es martes.');
        break;
    case 'miércoles':
        console.log('Hoy es miércoles.');
        break;
    default:
```

```
        console.log('No es un día válido.');
}
```

Con switch, puedes manejar múltiples condiciones de manera clara y organizada, especialmente útil cuando tienes una lista conocida de posibles valores.

El uso de la declaración break en las estructuras switch en JavaScript tiene varias ventajas importantes. Vamos a explorarlas con detalle:

1. Previene la ejecución de casos posteriores (fall-through)

La ventaja principal del break es que evita la ejecución de los casos subsiguientes una vez que se encuentra un caso coincidente. Sin el break, JavaScript continuará ejecutando todos los casos que siguen, incluso si ya se ha encontrado una coincidencia. Este comportamiento se conoce como "fall-through".

2. Mejora la legibilidad del código

El uso de break hace que tu código sea más claro y fácil de entender. Cada caso en un switch se comporta de manera independiente, y otros desarrolladores que lean tu código pueden entender rápidamente que después de encontrar una coincidencia y ejecutar su bloque, la ejecución no continuará con los casos siguientes.

3. Facilita el mantenimiento del código

Cuando el comportamiento esperado está claramente definido con break, es más fácil mantener y actualizar el código en el futuro. Los desarrolladores pueden añadir, eliminar o modificar casos sin preocuparse de efectos colaterales debido a la ejecución no intencionada de otros bloques.

4. Previene errores lógicos

La omisión de break puede introducir errores lógicos difíciles de detectar, especialmente en casos donde múltiples bloques de código ejecutados consecutivamente pueden causar comportamientos no deseados. Usar break correctamente ayuda a evitar estos errores y asegura que el flujo del programa se controle de manera predecible.

Conclusión

El break es esencial en una estructura switch para asegurar que solo se ejecuta el bloque de código correspondiente al primer caso coincidente y que la ejecución no continúa con los casos siguientes de manera no intencionada. Esto mejora la legibilidad, facilita el mantenimiento y previene errores lógicos en tu código.

4.2 Bucles (for, while, do-while)

Los bucles permiten ejecutar un bloque de código varias veces, de acuerdo a una condición.

1. for

El bucle `for` es una estructura de control de flujo que permite repetir un bloque de código un número específico de veces. Es especialmente útil cuando sabes de antemano cuántas veces necesitas ejecutar el bloque de código.

Sintaxis:

```
for (inicialización; condición; actualización) {
    // Código a ejecutar en cada iteración
}
```

- **Inicialización:** Se ejecuta una vez al comienzo del bucle y se usa para declarar e inicializar una variable de control.
- **Condición:** Se evalúa antes de cada iteración del bucle. Si es verdadera, el bucle continúa; si es falsa, el bucle se detiene.
- **Actualización:** Se ejecuta al final de cada iteración y se usa para actualizar la variable de control.

Ejemplo:

```
for (let i = 0; i < 5; i++) {
    console.log('Iteración número ' + i);
}
```

Desglose del ejemplo:

1. **Inicialización:**

   ```
   let i = 0;
   ```

   Aquí estamos creando una variable llamada i y asignándole el valor 0. Esta variable se usará como contador para el bucle.

2. **Condición:**

   ```
   i < 5;
   ```

   Esta condición se evalúa antes de cada iteración del bucle. Mientras i sea menor que 5, el bucle continuará ejecutándose.

3. **Bloque de código dentro del bucle:**

   ```
   console.log('Iteración número ' + i);
   ```

En cada iteración, se ejecuta este bloque de código que imprime el mensaje `'Iteración número ' + i`, donde `i` es el valor actual del contador.

4. **Actualización:**

```
i++;
```

Después de ejecutar el bloque de código, el contador `i` se incrementa en 1.

Visualización de la lógica:

- **Primera iteración:**
    - **Inicialización:** `i` es 0.
    - **Condición:** `0 < 5` es verdadera.
    - **Ejecuta el bloque de código:** Imprime "Iteración número 0".
    - **Actualización:** Incrementa `i` a 1.
- **Segunda iteración:**
    - **Condición:** `1 < 5` es verdadera.
    - **Ejecuta el bloque de código:** Imprime "Iteración número 1".
    - **Actualización:** Incrementa `i` a 2.
- **Tercera iteración:**
    - **Condición:** `2 < 5` es verdadera.
    - **Ejecuta el bloque de código:** Imprime "Iteración número 2".
    - **Actualización:** Incrementa `i` a 3.
- **Cuarta iteración:**
    - **Condición:** `3 < 5` es verdadera.
    - **Ejecuta el bloque de código:** Imprime "Iteración número 3".

- **Actualización:** Incrementa `i` a 4.
- **Quinta iteración:**
  - **Condición:** 4 < 5 es verdadera.
  - **Ejecuta el bloque de código:** Imprime "Iteración número 4".
  - **Actualización:** Incrementa `i` a 5.
- **Fin del bucle:**
  - **Condición:** 5 < 5 es falsa.
  - El bucle se detiene.

Ejemplo Completo:

```
for (let i = 0; i < 5; i++) {
    console.log('Iteración número ' + i);
}
```

En este ejemplo, el bucle `for` imprime "Iteración número 0" hasta "Iteración número 4", incrementando `i` en cada iteración, y se detiene cuando `i` alcanza 5.

Conclusión

El bucle `for` es una herramienta poderosa y versátil en JavaScript que se usa para repetir un bloque de código un número específico de veces. Al conocer la inicialización, la condición y la actualización, puedes controlar exactamente cuántas veces se ejecuta el bucle y qué sucede en cada iteración. Es ideal para situaciones donde el número de iteraciones es conocido de antemano.

2. `while`

El bucle `while` ejecuta un bloque de código mientras la condición especificada sea verdadera.

Sintaxis:

```
while (condición) {
    // Código a ejecutar en cada iteración
}
```

Imagina que quieres contar desde 0 hasta 4 e imprimir cada número. Puedes usar un bucle while para hacerlo, repitiendo la acción de imprimir el número y luego incrementar el número hasta que llegue a 5.

Ejemplo:

```
let i = 0;
while (i < 5) {
    console.log('Iteración número ' + i);
    i++;
}
```

Desglose del ejemplo:

1. **Declaración de la variable:**

    ```
    let i = 0;
    ```

    Aquí estamos creando una variable llamada i y asignándole el valor 0. Esta variable se usará como contador para el bucle.

2. **Inicio del bucle while:**

    ```
    while (i < 5) {
    ```

    Esta línea indica que el bucle continuará ejecutándose mientras la condición i < 5 sea verdadera.

3. **Bloque de código dentro del bucle:**

    ```
    console.log('Iteración número ' + i);
    i++;
    ```

    Dentro del bucle, tenemos dos acciones:

- Imprimir el mensaje `'Iteración número '` + `i`, donde `i` es el valor actual del contador.
- Incrementar el valor de `i` en 1 usando `i++`.

Visualización de la lógica:

- **Primera iteración:**
    - `i` es 0.
    - Imprime "Iteración número 0".
    - Incrementa `i` a 1.
- **Segunda iteración:**
    - `i` es 1.
    - Imprime "Iteración número 1".
    - Incrementa `i` a 2.
- **Tercera iteración:**
    - `i` es 2.
    - Imprime "Iteración número 2".
    - Incrementa `i` a 3.
- **Cuarta iteración:**
    - `i` es 3.
    - Imprime "Iteración número 3".
    - Incrementa `i` a 4.
- **Quinta iteración:**
    - `i` es 4.
    - Imprime "Iteración número 4".
    - Incrementa `i` a 5.
- **Fin del bucle:**
    - `i` es 5, la condición `i < 5` ya no es verdadera, por lo que el bucle se detiene.

Cómo funciona:

- El bucle **while** evalúa la condición antes de cada iteración.
- Si la condición es verdadera (**true**), ejecuta el bloque de código dentro del bucle.
- Después de ejecutar el código, vuelve a evaluar la condición.
- Esto continúa hasta que la condición se vuelve falsa (**false**).

Ejemplo Completo:

```
let i = 0;
while (i < 5) {
    console.log('Iteración número ' + i);
    i++;
}
```

En este ejemplo, el bucle **while** imprime "Iteración número 0" hasta "Iteración número 4", incrementando i en cada iteración, y se detiene cuando i alcanza 5.

Conclusión

El bucle **while** es útil cuando no sabes de antemano cuántas veces necesitas repetir una acción y quieres continuar repitiendo mientras una condición sea verdadera. Asegúrate siempre de que la condición pueda llegar a ser falsa en algún momento, para evitar bucles infinitos que puedan hacer que tu programa deje de responder.

3. do-while

El bucle **do-while** es similar al bucle **while**, pero con una diferencia clave: garantiza que el bloque de código se ejecute al menos una vez, ya que la condición se evalúa después de cada iteración.

Sintaxis:

```
do {
    // Código a ejecutar en cada iteración
} while (condición);
```

Imagina que quieres realizar una acción al menos una vez, y luego repetirla mientras una condición sea verdadera. A diferencia del bucle `while`, que evalúa la condición antes de ejecutar el código, el bucle `do-while` ejecuta el código primero y luego evalúa la condición para determinar si debe continuar.

Ejemplo:

```
let j = 0;
do {
    console.log('Iteración número ' + j);
    j++;
} while (j < 5);
```

Desglose del ejemplo:

1. **Declaración de la variable:**

   ```
   let j = 0;
   ```

   Aquí estamos creando una variable llamada `j` y asignándole el valor 0. Esta variable se usará como contador para el bucle.

2. **Inicio del bucle `do-while`:**

   ```
   do {
       console.log('Iteración número ' + j);
       j++;
   } while (j < 5);
   ```

   - **Bloque do:**

- Dentro del bloque do, tenemos dos acciones:
    - Imprimir el mensaje `'Iteración número ' + j`, donde j es el valor actual del contador.
    - Incrementar el valor de j en 1 usando j++.
- **Condición while:**
    - Después de ejecutar el bloque do, se evalúa la condición j < 5.
    - Si la condición es verdadera, el bucle se repite; si es falsa, el bucle se detiene.

Visualización de la lógica:

- **Primera iteración:**
    - j es 0.
    - Imprime "Iteración número 0".
    - Incrementa j a 1.
- **Segunda iteración:**
    - j es 1.
    - Imprime "Iteración número 1".
    - Incrementa j a 2.
- **Tercera iteración:**
    - j es 2.
    - Imprime "Iteración número 2".
    - Incrementa j a 3.
- **Cuarta iteración:**
    - j es 3.
    - Imprime "Iteración número 3".
    - Incrementa j a 4.

- **Quinta iteración:**
  - `j` es 4.
  - Imprime "Iteración número 4".
  - Incrementa `j` a 5.
- **Fin del bucle:**
  - `j` es 5, la condición `j < 5` ya no es verdadera, por lo que el bucle se detiene.

Cómo funciona:

- El bucle `do-while` ejecuta el bloque de código dentro del `do` al menos una vez, independientemente de la condición.
- Después de ejecutar el código, evalúa la condición en el `while`.
- Si la condición es verdadera (`true`), el bucle se repite.
- Si la condición es falsa (`false`), el bucle se detiene.

Ejemplo Completo:

```
let j = 0;
do {
    console.log('Iteración número ' + j);
    j++;
} while (j < 5);
```

En este ejemplo, el bucle `do-while` imprime "Iteración número 0" hasta "Iteración número 4", incrementando `j` en cada iteración, y se detiene cuando `j` alcanza 5.

Conclusión

El bucle `do-while` es útil cuando necesitas que el bloque de código se ejecute al menos una vez, independientemente de la condición. Asegúrate de que la condición se evalúe correctamente para evitar bucles infinitos que puedan hacer que tu programa deje de responder.

4.3 Manejo de Errores (try, catch, finally)

El manejo de errores en JavaScript se realiza mediante las estructuras `try`, `catch` y `finally`. Estas estructuras permiten gestionar las excepciones que ocurren durante la ejecución del código, proporcionando una forma de responder a errores sin interrumpir el flujo del programa. Esto es esencial para construir aplicaciones robustas y resilientes que pueden manejar situaciones imprevistas de manera controlada.

Sintaxis:

```
try {
    // Bloque de código que puede lanzar una excepción
} catch (error) {
    // Bloque de código para manejar la excepción
} finally {
    // Bloque de código que siempre se ejecuta, sin importar si hubo una excepción o no
}
```

Componentes:

1. **try:**

    - Contiene el bloque de código que puede lanzar una excepción. Si no hay errores, el código dentro del `catch` se omite.

2. **catch:**

    - Se ejecuta si ocurre una excepción en el bloque `try`. Aquí puedes manejar el error, por ejemplo, mostrando un mensaje al usuario o realizando una acción correctiva.

3. **finally:**
- Se ejecuta siempre, independientemente de si ocurrió una excepción o no. Es útil para realizar limpieza o liberar recursos, como cerrar conexiones de base de datos o archivos abiertos.

Imagina que estás creando una aplicación que realiza operaciones con datos ingresados por el usuario. Queremos sumar dos números ingresados por el usuario y mostrar el resultado, pero necesitamos manejar la situación en que el usuario ingrese valores no numéricos.

Ejemplo Completo:

```
function sumarNumeros(a, b) {
    try {
        // Intentamos convertir las entradas a números
        let num1 = parseInt(a);
        let num2 = parseInt(b);

        // Verificamos si las conversiones son válidas
        if (isNaN(num1) || isNaN(num2)) {
            throw new Error("Uno o ambos valores ingresados no son números.");
        }

        // Si todo está bien, sumamos los números
        let suma = num1 + num2;
        console.log('La suma es: ' + suma);

    } catch (error) {
        // Si ocurre un error, mostramos un mensaje amigable
        console.log('Error: ' + error.message);

    } finally {
        // Este bloque se ejecuta siempre
        console.log('Operación de suma finalizada.');
```

```
    }
}
// Llamamos a la función con entradas válidas
sumarNumeros('5', '10');

// Llamamos a la función con una entrada inválida
sumarNumeros('cinco', '10');
```

Desglose del ejemplo:

1. **Función `sumarNumeros`:**

    - Define una función que toma dos parámetros, **a** y **b**.

2. **Bloque `try`:**

    - **Conversión a números:**

      ```
      let num1 = parseInt(a);
      let num2 = parseInt(b);
      ```

      Se intenta convertir los valores ingresados a números enteros.

    - **Validación:**

      ```
      if (isNaN(num1) || isNaN(num2)) {
          throw new Error("Uno o ambos valores ingresados no son números.");
      }
      ```

      Se verifica si las conversiones fueron exitosas. Si alguna de las conversiones falla, se lanza una excepción con un mensaje descriptivo.

    - **Suma:**

      ```
      let suma = num1 + num2;
      console.log('La suma es: ' + suma);
      ```

Si todo está bien, se suman los números y se muestra el resultado.

3. **Bloque `catch`:**

   - **Manejo del error:**

     ```
     console.log('Error: ' + error.message);
     ```

     Si ocurre una excepción, se captura y se muestra un mensaje amigable al usuario.

4. **Bloque `finally`:**

   - **Limpieza:**

     ```
     console.log('Operación de suma finalizada.');
     ```

     Este bloque se ejecuta siempre, indicando que la operación ha terminado.

Salida esperada:

- Para `sumarNumeros('5', '10')`:

  ```
  La suma es: 15
  Operación de suma finalizada.
  ```

- Para `sumarNumeros('cinco', '10')`:

  ```
  Error: Uno o ambos valores ingresados no son números.
  Operación de suma finalizada.
  ```

Conclusión

El manejo de errores con `try`, `catch` y `finally` es una técnica poderosa en JavaScript para construir aplicaciones robustas. Permite capturar y manejar excepciones de manera controlada, asegurando que el flujo del programa no se interrumpa inesperadamente y que se realicen acciones necesarias como limpieza o notificación al usuario, independientemente de si ocurrió un error.

5. Funciones

5.1 Declaración de Funciones

Las funciones en JavaScript son bloques de código reutilizables que realizan una tarea específica. Se pueden declarar de varias formas.

1. Función Declarada: Una función declarada es una función definida utilizando la palabra clave `function`. Puede ser llamada antes de su declaración en el código debido al proceso de "hoisting".

Sintaxis:

```
function nombreFuncion(param1, param2) {
    // Código a ejecutar
}
```

Ejemplo:

```
function saludar(nombre) {
    return 'Hola, ' + nombre + '!';
}
console.log(saludar('Juan')); // Hola, Juan!
```

2. Función Expresada: Una función expresada es una función asignada a una variable. No puede ser llamada antes de su declaración en el código.

Sintaxis:

```
const nombreFuncion = function(param1, param2) {
```

```
    // Código a ejecutar
};
```

Ejemplo:

```
const saludar = function(nombre) {
    return 'Hola, ' + nombre + '!';
};
console.log(saludar('Juan')); // Hola, Juan!
```

3. Función Flecha (Arrow Function): Las funciones flecha son una forma concisa de escribir funciones en JavaScript. Tienen una sintaxis más corta y no vinculan su propio `this`.

Sintaxis:

```
const nombreFuncion = (param1, param2) => {
    // Código a ejecutar
};
```

Ejemplo:

```
const saludar = nombre => 'Hola, ' + nombre + '!';
console.log(saludar('Juan')); // Hola, Juan!
```

5.2 Parámetros y Argumentos

Las funciones pueden aceptar parámetros que se utilizan como variables dentro de la función. Los valores reales pasados a las funciones se llaman argumentos.

Ejemplo:

```
function sumar(a, b) {
    return a + b;
}
console.log(sumar(3, 4)); // 7
```

Parámetros Predeterminados: Puedes definir valores predeterminados para los parámetros que se utilizarán si no se pasa ningún argumento o si el argumento es undefined.

Ejemplo:

```javascript
function saludar(nombre = 'Mundo') {
    return 'Hola, ' + nombre + '!';
}
console.log(saludar()); // Hola, Mundo!
console.log(saludar('Juan')); // Hola, Juan!
```

5.3 Ámbito de las Funciones

El ámbito de las funciones define la visibilidad y el tiempo de vida de las variables. En JavaScript, existen dos tipos principales de ámbito:

1. Ámbito Global: Las variables declaradas fuera de cualquier función tienen ámbito global. Están disponibles en cualquier parte del código.

Ejemplo:

```javascript
let nombre = 'Mundo';

function saludar() {
    return 'Hola, ' + nombre + '!';
}

console.log(saludar()); // Hola, Mundo!
```

2. Ámbito Local (de función): Las variables declaradas dentro de una función solo están disponibles dentro de esa función.

Ejemplo:

```javascript
function saludar() {
    let nombre = 'Juan';
    return 'Hola, ' + nombre + '!';
```

```
}

console.log(saludar()); // Hola, Juan!
// console.log(nombre); // Error: nombre is not
defined
```

5.4 Funciones Anidadas

Las funciones pueden anidarse dentro de otras funciones, creando un ámbito dentro del ámbito.

Funciones Anidadas:

```
function exterior() {
    let nombre = 'Mundo';

    function interior() {
        return 'Hola, ' + nombre + '!';
    }

    return interior();
}

console.log(exterior()); // Hola, Mundo!
```

Estos conceptos fundamentales sobre funciones te permitirán escribir código modular, reutilizable y más fácil de entender en JavaScript. Las funciones son una parte crucial del lenguaje y dominarlas es esencial para cualquier desarrollador.

6. Objetos y Arrays

6.1 Objetos

En JavaScript, los objetos son estructuras que permiten agrupar y organizar datos relacionados mediante pares clave-valor. Las claves son cadenas de texto, y los valores pueden ser de cualquier tipo de datos, incluidos otros objetos y funciones. Veamos cómo declarar, acceder, modificar, agregar y eliminar propiedades en los objetos.

Declaración de Objetos

Los objetos se declaran usando llaves {} y contienen pares clave-valor separados por comas. Cada clave se asocia con un valor específico.

Sintaxis:

```
let objeto = {
    clave1: valor1,
    clave2: valor2,
    // ...
};
```

Ejemplo:

```
let persona = {
    nombre: 'Juan',
    edad: 30,
    profesion: 'Desarrollador',
    saludar: function() {
        return 'Hola, soy ' + this.nombre;
    }
};
```

En este ejemplo, el objeto `persona` tiene las claves `nombre`, `edad`, `profesion` y `saludar`, cada una asociada con un valor.

Acceso a Propiedades

Puedes acceder a las propiedades de un objeto utilizando dos notaciones:

1. **Notación de punto (.):**

    ```
    console.log(persona.nombre); // Juan
    ```

2. **Notación de corchetes ([]):**

```
console.log(persona['edad']); // 30
```

La notación de punto es más común y preferida por su simplicidad, mientras que la notación de corchetes es útil cuando las claves son dinámicas o contienen caracteres no válidos para identificadores de JavaScript.

Modificar Propiedades

Puedes modificar las propiedades de un objeto asignándoles nuevos valores.

Ejemplo:

```
persona.edad = 31;
persona['profesion'] = 'Ingeniero';
console.log(persona.edad); // 31
console.log(persona.profesion); // Ingeniero
```

Agregar y Eliminar Propiedades

Agregar nuevas propiedades a un objeto es tan simple como asignarles un valor. Para eliminar una propiedad, se usa el operador `delete`.

Ejemplo:

```
// Agregar una nueva propiedad
persona.ciudad = 'Madrid';
console.log(persona.ciudad); // Madrid

// Eliminar una propiedad existente
delete persona.profesion;
console.log(persona.profesion); // undefined
```

Ejemplo Completo

Veamos un ejemplo completo que cubre la creación, acceso, modificación, y eliminación de propiedades de un objeto:

```javascript
let persona = {
    nombre: 'Juan',
    edad: 30,
    profesion: 'Desarrollador',
    saludar: function() {
        return 'Hola, soy ' + this.nombre;
    }
};

// Acceso a propiedades
console.log(persona.nombre); // Juan
console.log(persona['edad']); // 30

// Modificación de propiedades
persona.edad = 31;
persona['profesion'] = 'Ingeniero';
console.log(persona.edad); // 31
console.log(persona.profesion); // Ingeniero

// Agregar una nueva propiedad
persona.ciudad = 'Madrid';
console.log(persona.ciudad); // Madrid

// Eliminar una propiedad existente
delete persona.profesion;
console.log(persona.profesion); // undefined

// Uso de una función dentro del objeto
console.log(persona.saludar()); // Hola, soy Juan
```

En este ejemplo, hemos cubierto las operaciones básicas con objetos en JavaScript, demostrando cómo se pueden utilizar para almacenar y gestionar datos de manera estructurada y eficiente.

6.2 Arrays

Los arrays en JavaScript son listas ordenadas de valores. Los valores pueden ser de cualquier tipo de datos y se accede a ellos utilizando índices numéricos.

Declaración de Arrays:

Sintaxis:

```
let array = [elemento1, elemento2, elemento3, ...];
```

Ejemplo:

```
let numeros = [1, 2, 3, 4, 5];
console.log(numeros[0]); // 1
console.log(numeros[4]); // 5
```

Acceso a Elementos: Puedes acceder a los elementos de un array utilizando su índice.

Ejemplo:

```
let frutas = ['manzana', 'banana', 'naranja'];
console.log(frutas[1]); // banana
```

Modificar Elementos: Puedes modificar los elementos de un array asignándoles nuevos valores.

Ejemplo:

```
frutas[1] = 'kiwi';
console.log(frutas[1]); // kiwi
```

Agregar y Eliminar Elementos: Puedes agregar nuevos elementos a un array utilizando métodos como `push`, `unshift`, `splice`, y eliminar elementos utilizando `pop`, `shift`, `splice`.

Ejemplo:

```
frutas.push('uva'); // Agrega al final
console.log(frutas); // ['manzana', 'kiwi', 'naranja', 'uva']

frutas.unshift('mango'); // Agrega al inicio
```

```
console.log(frutas); // ['mango', 'manzana', 'kiwi',
'naranja', 'uva']

frutas.pop(); // Elimina el último
console.log(frutas); // ['mango', 'manzana', 'kiwi',
'naranja']

frutas.shift(); // Elimina el primero
console.log(frutas); // ['manzana', 'kiwi',
'naranja']
```

Métodos de Arrays: Los arrays en JavaScript tienen varios métodos incorporados para manipular sus elementos.

Ejemplos:

```
let numeros = [1, 2, 3, 4, 5];

// forEach: Itera sobre los elementos del array
numeros.forEach(num => console.log(num));

// map: Crea un nuevo array con los resultados de la
función aplicada a cada elemento
let dobles = numeros.map(num => num * 2);
console.log(dobles); // [2, 4, 6, 8, 10]

// filter: Crea un nuevo array con los elementos que
pasan la prueba
let mayoresQueDos = numeros.filter(num => num > 2);
console.log(mayoresQueDos); // [3, 4, 5]

// reduce: Aplica una función a un acumulador y a
cada elemento para reducirlo a un único valor
let suma = numeros.reduce((acumulador, num) =>
acumulador + num, 0);
console.log(suma); // 15
```

6.3 Iteración sobre Objetos y Arrays

Iterar sobre los elementos de un array o las propiedades de un objeto es una tarea común en JavaScript.

Iteración sobre Arrays: Puedes utilizar bucles como `for`, `for...of`, y métodos como `forEach`.

Ejemplo:

```
let colores = ['rojo', 'verde', 'azul'];
for (let i = 0; i < colores.length; i++) {
    console.log(colores[i]);
}
for (let color of colores) {
    console.log(color);
}
colores.forEach(color => console.log(color));
```

Iteración sobre Objetos: Para iterar sobre las propiedades de un objeto, puedes utilizar `for...in`.

Ejemplo:

```
let persona = {
    nombre: 'Juan',
    edad: 30,
    ciudad: 'Madrid'
};
for (let propiedad in persona) {
    console.log(propiedad + ': ' + persona[propiedad]);
}
```

Estas estructuras y técnicas para trabajar con objetos y arrays son fundamentales para la manipulación de datos en JavaScript. Entender cómo crear, modificar y recorrer estas estructuras te permitirá escribir código más eficiente y efectivo.

6.4 Desestructuración de Arrays

La desestructuración de arrays en JavaScript es una técnica que permite extraer elementos de un array y asignarlos a variables de una manera más concisa y legible. Esto puede simplificar el código y hacerlo más fácil de entender.

Sintaxis Básica

La sintaxis básica de la desestructuración de arrays utiliza corchetes [ ] en el lado izquierdo de una asignación. Los valores correspondientes del array se asignan a las variables especificadas en el mismo orden.

Sintaxis:

```
let [variable1, variable2, ...] = array;
```

Ejemplo Simple

Supongamos que tenemos un array de colores y queremos asignar cada color a una variable separada.

Ejemplo:

```
let colores = ['Rojo', 'Verde', 'Azul'];

let [primero, segundo, tercero] = colores;
console.log(primero); // Rojo
console.log(segundo); // Verde
console.log(tercero); // Azul
```

En este ejemplo, los valores del array `colores` se asignan a las variables `primero`, `segundo` y `tercero` en el mismo orden en que aparecen en el array.

Desestructuración Parcial

No es necesario extraer todos los elementos del array. Puedes desestructurar solo los elementos que necesites.

Ejemplo:

```
let colores = ['Rojo', 'Verde', 'Azul'];

let [primero, segundo] = colores;
console.log(primero); // Rojo
console.log(segundo); // Verde
```

En este caso, solo se extraen los dos primeros elementos del array.

Valores Predeterminados

Puedes proporcionar valores predeterminados para las variables, que se utilizarán si el array no tiene suficientes elementos.

Ejemplo:

```
let colores = ['Rojo'];

let [primero, segundo = 'Verde', tercero = 'Azul'] = colores;
console.log(primero); // Rojo
console.log(segundo); // Verde
console.log(tercero); // Azul
```

Aquí, `segundo` y `tercero` toman los valores predeterminados porque el array `colores` solo tiene un elemento.

Ignorar Elementos

Puedes ignorar elementos del array utilizando comas sin asignar variables para esos elementos.

Ejemplo:

```
let colores = ['Rojo', 'Verde', 'Azul'];

let [, segundo, tercero] = colores;
console.log(segundo); // Verde
console.log(tercero); // Azul
```

En este caso, se ignora el primer elemento y se extraen el segundo y el tercer elemento.

Uso en Funciones

La desestructuración de arrays también se puede usar en los parámetros de las funciones para hacer el código más claro y conciso.

Ejemplo:

```
function imprimirColores([primero, segundo, tercero])
{
    console.log(primero); // Rojo
    console.log(segundo); // Verde
    console.log(tercero); // Azul
}

let colores = ['Rojo', 'Verde', 'Azul'];
imprimirColores(colores);
```

En este ejemplo, la función `imprimirColores` toma un array como argumento y lo desestructura directamente en sus parámetros.

Resumen

La desestructuración de arrays es una característica poderosa de JavaScript que hace que trabajar con arrays sea más sencillo y elegante. Al extraer elementos directamente en variables, puedes reducir la cantidad de código y aumentar la legibilidad. La desestructuración parcial, los valores predeterminados y la capacidad de ignorar elementos son características adicionales que hacen esta técnica aún más flexible.

Ejercicios prácticos parte 2.

Soluciones en las páginas 185 a 194

Ejercicio 1: Variables y tipos de datos

Declara una variable `nombre` y asígnale tu nombre. Luego, declara una variable `edad` y asígnale tu edad. Imprime ambos valores en la consola.

Ejercicio 2: Operadores

Crea un programa que calcule el área de un rectángulo. Declara variables para la longitud y el ancho, y luego usa operadores para encontrar el área.

Ejercicio 3: Condicionales (if, else, switch)

Escribe un programa que tome una variable `nota` y determine si la nota es "aprobado" (nota >= 60) o "suspenso" (nota < 60). Usa una estructura `if-else`.

Ejercicio 4: Bucles (for, while, do-while)

Escribe un programa que imprima los números del 1 al 10 usando un bucle `for`.

Ejercicio 5: Manejo de errores (try, catch, finally)

Escribe una función que convierta una cadena a un número. Usa un bloque `try-catch` para manejar el caso donde la cadena no pueda convertirse a un número.

Ejercicio 6: Declaración de funciones

Declara una función llamada `saludar` que tome un nombre como parámetro y devuelva un saludo como "Hola, [nombre]!".

Ejercicio 7: Parámetros y argumentos:

Escribe una función `suma` que tome dos números como parámetros y devuelva su suma. Luego, llama a esta función con dos números y muestra el resultado en la consola.

Ejercicio 8: Ámbitos de las funciones:

Escribe una función que declare una variable dentro de su ámbito y luego intente acceder a esa variable fuera de la función. Observa y explica el resultado.

Ejercicio 9: Funciones anidadas:

Escribe una función que contenga otra función dentro. La función interna debería devolver un mensaje que se concatene con un mensaje de la función externa.

Ejercicio 10: Objetos

Declara un objeto `persona` con propiedades `nombre`, `edad` y un método `saludar` que devuelva un mensaje "Hola, soy [nombre]".

Ejercicio 11: Arrays

Crea un array de nombres. Imprime el primer y el último nombre del array.

Ejercicio 12: Iteración sobre Objetos y Arrays:

Escribe un bucle que itere sobre un array de números e imprima cada número en la consola.

Ejercicio 13: Desestructuración de Arrays:

Declara un array de colores y usa la desestructuración para asignar el primer y segundo color a variables individuales. Imprime estas variables en la consola.

Parte 3: Programación avanzada

7. Programación Orientada a Objetos (POO)

7.1 Conceptos Básicos de POO

La Programación Orientada a Objetos (POO) es un paradigma de programación basado en el concepto de "objetos", que pueden contener datos y código. Los datos se representan mediante propiedades y el código mediante métodos.

Principales Conceptos:

- **Clases:** Plantillas para crear objetos.
- **Objetos:** Instancias de clases.
- **Propiedades:** Datos almacenados en un objeto.
- **Métodos:** Funciones asociadas a un objeto.
- **Herencia:** Mecanismo para crear nuevas clases a partir de clases existentes.
- **Encapsulación:** Ocultación de los detalles internos de un objeto y exposición de una interfaz pública.
- **Polimorfismo:** Capacidad de los objetos de ser tratados como instancias de su clase padre.

7.2 Clases y Objetos

En JavaScript, las clases se definen utilizando la palabra clave `class`.

Declaración de Clases:

```
class Persona {
    constructor(nombre, edad) {
        this.nombre = nombre;
        this.edad = edad;
    }
```

```
    saludar() {
        return `Hola, soy ${this.nombre} y tengo ${this.edad} años.`;
    }
}
```

Crear Objetos:

```
const juan = new Persona('Juan', 30);
console.log(juan.saludar()); // Hola, soy Juan y tengo 30 años.

const maria = new Persona('María', 25);
console.log(maria.saludar()); // Hola, soy María y tengo 25 años.
```

7.3 Herencia

La herencia permite crear una nueva clase que extiende una clase existente. La clase que hereda se llama clase hija y la clase de la que hereda se llama clase padre.

Declaración de Herencia:

```
class Empleado extends Persona {
    constructor(nombre, edad, puesto) {
        super(nombre, edad); // Llama al constructor de la clase padre
        this.puesto = puesto;
    }

    trabajar() {
        return `${this.nombre} está trabajando como ${this.puesto}.`;
    }
}
```

Crear Objetos de la Clase Hija:

```
const ana = new Empleado('Ana', 28, 'Desarrolladora');
```

```
console.log(ana.saludar()); // Hola, soy Ana y tengo
28 años.
console.log(ana.trabajar()); // Ana está trabajando
como Desarrolladora.
```

7.4 Encapsulación

La encapsulación consiste en ocultar los detalles internos de un objeto y proporcionar una interfaz pública para interactuar con él. En JavaScript, esto se puede lograr utilizando propiedades privadas y métodos públicos.

Propiedades Privadas: A partir de ECMAScript 2022, JavaScript soporta propiedades privadas con el prefijo #.

Ejemplo:

```
class CuentaBancaria {
    #saldo;

    constructor(saldoInicial) {
        this.#saldo = saldoInicial;
    }

    depositar(cantidad) {
        this.#saldo += cantidad;
    }

    retirar(cantidad) {
        if (cantidad <= this.#saldo) {
            this.#saldo -= cantidad;
        } else {
            console.log('Fondos insuficientes.');
        }
    }

    verSaldo() {
        return this.#saldo;
    }
}

const cuenta = new CuentaBancaria(1000);
```

```
cuenta.depositar(500);
cuenta.retirar(200);
console.log(cuenta.verSaldo()); // 1300
// console.log(cuenta.#saldo); // Error: propiedad privada
```

7.5 Polimorfismo

El polimorfismo permite tratar a los objetos de diferentes clases de la misma manera, basándose en una clase común. Esto se logra mediante la herencia y la sobrescritura de métodos.

Ejemplo de Polimorfismo:

```
class Animal {
    hacerSonido() {
        console.log('El animal hace un sonido.');
    }
}

class Perro extends Animal {
    hacerSonido() {
        console.log('El perro ladra.');
    }
}

class Gato extends Animal {
    hacerSonido() {
        console.log('El gato maúlla.');
    }
}

const animales = [new Animal(), new Perro(), new Gato()];
animales.forEach(animal => animal.hacerSonido());
// Salida:
// El animal hace un sonido.
// El perro ladra.
// El gato maúlla.
```

7.6 Métodos Estáticos y Propiedades Estáticas

Los métodos y propiedades estáticos pertenecen a la clase en sí, no a las instancias de la clase. Se definen utilizando la palabra clave `static`.

Métodos Estáticos:

```
class Utilidades {
    static saludar(nombre) {
        return `Hola, ${nombre}!`;
    }
}

console.log(Utilidades.saludar('Juan')); // Hola, Juan!
```

Propiedades Estáticas:

```
class Contador {
    static conteo = 0;

    constructor() {
        Contador.conteo++;
    }
}

const obj1 = new Contador();
const obj2 = new Contador();
console.log(Contador.conteo); // 2
```

Estos conceptos de la Programación Orientada a Objetos en JavaScript son fundamentales para estructurar y organizar el código de manera eficiente y modular. Dominar la POO te permitirá escribir aplicaciones más robustas y mantenibles.

8. Funciones Avanzadas

8.1 Funciones Flecha

Las funciones flecha, introducidas en ECMAScript 6 (ES6), son una forma más concisa de escribir funciones en JavaScript. Tienen una sintaxis más corta y no vinculan su propio `this`, `arguments`, `super`, o `new.target`.

Sintaxis Básica:

```javascript
// Función tradicional
function suma(a, b) {
    return a + b;
}

// Función flecha
const suma = (a, b) => a + b;
```

Ejemplos:

```javascript
// Sin parámetros
const saludar = () => 'Hola, Mundo!';
console.log(saludar()); // Hola, Mundo!

// Con un solo parámetro
const cuadrado = x => x * x;
console.log(cuadrado(4)); // 16

// Con múltiples parámetros
const multiplicar = (a, b) => a * b;
console.log(multiplicar(3, 4)); // 12

// Función más compleja
const obtenerEdad = (nombre, edad) => {
    return `${nombre} tiene ${edad} años.`;
};
console.log(obtenerEdad('Juan', 30)); // Juan tiene 30 años.
```

8.2 Funciones de Orden Superior

En JavaScript, las funciones son ciudadanos de primera clase. Esto significa que pueden ser tratadas como cualquier otra variable. Esta característica les permite ser extremadamente flexibles y poderosas en el lenguaje. Vamos a explorar lo que significa ser un "ciudadano de primera clase" con ejemplos y comparaciones con conceptos de la vida real.¿Qué Significa ser un Ciudadano de Primera Clase?

Ser un ciudadano de primera clase en un lenguaje de programación implica que las funciones pueden:

1. **Asignarse a Variables:**
   - Igual que cualquier valor (como un número o una cadena de texto), una función puede ser asignada a una variable.
2. **Pasarse como Argumentos a Otras Funciones:**
   - Una función puede ser pasada como un argumento a otra función, lo que permite componer comportamientos complejos de manera modular.
3. **Retornarse desde Otras Funciones:**
   - Una función puede ser retornada como el valor de otra función, permitiendo la creación de funciones dinámicas y reutilizables.

Asignar Funciones a Variables
Ejemplo:

```
const multiplicar = function(a, b) {
    return a * b;
};
```

Imagina que tienes una herramienta multifunción (como un destornillador con cabezales intercambiables). Puedes asignar un cabezal específico (función) a esta herramienta (variable) según lo que necesites hacer.

Pasar Funciones como Argumentos
Ejemplo:

```
function calcular(operacion, x, y) {
    return operacion(x, y);
}

const resultado = calcular(multiplicar, 3, 4); // 12
```

Supongamos que tienes una máquina en la fábrica que puede realizar diferentes operaciones dependiendo de la herramienta que le insertes. Pasar la función multiplicar como un argumento a calcular es como darle a la máquina un cabezal específico para realizar la operación de multiplicación.

Retornar Funciones desde Otras Funciones
Ejemplo:

```
function crearMultiplicador(factor) {
    return function(numero) {
        return numero * factor;
    };
}

const duplicar = crearMultiplicador(2);
console.log(duplicar(5)); // 10
```

Imagina que tienes una fábrica que produce máquinas. Puedes configurar la fábrica para que produzca una máquina específica (una función que duplica un número) cuando se le dé un factor (como el número 2). Así, cuando usas la máquina producida, realiza la tarea específica de multiplicar por 2.

Beneficios de las Funciones como Ciudadanos de Primera Clase

1. **Modularidad:**
    - Permiten dividir el código en pequeños bloques reutilizables. Esto hace que el código sea más fácil de leer, mantener y probar.
2. **Flexibilidad:**
    - Puedes crear funciones más genéricas que acepten comportamientos específicos a través de funciones pasadas como argumentos.
3. **Abstracción:**
    - Facilitan la creación de abstracciones poderosas, permitiendo que los detalles de implementación se oculten detrás de interfaces simples.

Ejemplo Completo

Vamos a combinar todos estos conceptos en un ejemplo más complejo:

```
// Asignar función a una variable
const sumar = function(a, b) {
    return a + b;
};

// Pasar función como argumento
function calcular(operacion, x, y) {
    return operacion(x, y);
}

let resultado1 = calcular(sumar, 5, 7); // 12
console.log(resultado1);

// Retornar función desde otra función
function crearOperador(factor) {
    return function(numero) {
        return numero * factor;
    };
```

```
}
const triplicar = crearOperador(3);
let resultado2 = triplicar(4); // 12
console.log(resultado2);
```

En este ejemplo:

- `sumar` es una función asignada a una variable.
- `calcular` es una función que toma otra función como argumento y la usa para operar sobre `x` y `y`.
- `crearOperador` es una función que retorna otra función, permitiendo crear funciones personalizadas como `triplicar`.

Estas capacidades hacen que JavaScript sea extremadamente flexible y poderoso, permitiendo la creación de código limpio, reutilizable y altamente modular.

8.3 Clousures

Un clousure es una función que recuerda el entorno en el que se creó. En otras palabras, una clousure puede acceder a las variables de su entorno exterior incluso después de que esa función exterior haya terminado de ejecutarse.

Imagina que estás en tu cocina y decides guardar algunas galletas en un frasco. Cada vez que abres el frasco, te acuerdas de cuántas galletas hay dentro, incluso si cierras el frasco y lo guardas. Un closure en programación es algo similar.

Vamos a desglosarlo usando el ejemplo que diste:

Paso 1: Crear el frasco para las galletas

La función `crearContador` es como fabricar un frasco para guardar galletas.

```
function crearContador() {
    let conteo = 0;  // Aquí "conteo" es como las galletas en el frasco

    return function() {
        conteo++;  // Cada vez que usas esta función, agrega una galleta (incrementa el conteo)
        return conteo;  // Y te dice cuántas galletas hay en el frasco
    };
}
```

Paso 2: Crear tu propio frasco

Cuando llamas a `crearContador`, estás creando tu propio frasco para galletas y una manera de contar cuántas galletas hay.

```
const contador = crearContador();
```

Paso 3: Usar tu frasco para contar galletas

Ahora, cada vez que uses `contador()`, estás abriendo tu frasco, agregando una galleta y viendo cuántas hay.

```
console.log(contador());  // 1 galleta
console.log(contador());  // 2 galletas
console.log(contador());  // 3 galletas
```

Incluso si cierras el frasco (termina la función exterior), siempre recuerdas cuántas galletas había la última vez. Esto es porque el frasco (closure) recuerda su contenido (las variables del entorno en el que fue creado).

Resumen

Un closure es como un frasco que recuerda lo que hay dentro, incluso si lo cierras y lo guardas. En programación, es una función que recuerda las variables que estaban alrededor cuando se creó, permitiéndote usarlas más tarde aunque el entorno original ya no exista.

Ejemplo de clousure:

```
function crearContador() {
    let conteo = 0;

    return function() {
        conteo++;
        return conteo;
    };
}
const contador = crearContador();
console.log(contador()); // 1
console.log(contador()); // 2
console.log(contador()); // 3
```

8.4 Funciones Asíncronas y `await`

Las funciones asíncronas (`async`) permiten escribir código asincrónico utilizando una sintaxis similar a la de las funciones síncronas. La palabra clave `await` se usa dentro de las funciones `async` para esperar la resolución de promesas.

¿Qué son las funciones asíncronas y await?

Imagina que estás cocinando una cena y quieres hervir agua. Hervir agua toma tiempo, pero no necesitas quedarte ahí mirando la olla hasta que el agua hierva. En su lugar, puedes hacer otras cosas, como cortar verduras, mientras esperas que el agua hierva. Las funciones asíncronas y `await` en programación funcionan de manera similar: permiten que una tarea que toma tiempo (como hervir agua) ocurra en segundo plano mientras sigues haciendo otras cosas.

Cómo funcionan las funciones asíncronas

Las funciones asíncronas son como tus tareas de cocina. Cuando usas `async`, le dices a la computadora que algo tomará tiempo y que puede seguir con otras tareas mientras espera.

Cómo funciona `await`

La palabra `await` es como cuando decides revisar si el agua ya hirvió. Le dices a la computadora "espera aquí hasta que esta tarea termine, y luego continúa".

Vamos a ver un ejemplo con una historia sencilla:

Ejemplo de funciones asíncronas

Imagina que quieres esperar 2 segundos antes de hacer algo más. Aquí está cómo puedes hacerlo en programación:

```
// Esto es como una receta que te dice que esperes
un tiempo.
const esperar = ms => new Promise(resolve =>
setTimeout(resolve, ms));
```

```javascript
// Esta es una tarea que usa la receta.
async function tareaAsincrona() {
    console.log('Inicio de la tarea...'); // Empiezas la tarea.
    await esperar(2000); // Esperas 2 segundos.
    console.log('Tarea completada después de 2 segundos.'); // La tarea se completa después de 2 segundos.
}

// Ejecutamos la tarea.
tareaAsincrona();
```

Explicación paso a paso:

1. **Definir cómo esperar (la receta)**:

   ```javascript
   const esperar = ms => new Promise(resolve => setTimeout(resolve, ms));
   ```

   Aquí creamos una función llamada `esperar` que toma una cantidad de tiempo en milisegundos (`ms`). Esta función dice "espera por este tiempo y luego sigue".

2. **Definir la tarea asíncrona**:

   ```javascript
   async function tareaAsincrona() {
       console.log('Inicio de la tarea...');
       await esperar(2000); // Espera 2 segundos.
       console.log('Tarea completada después de 2 segundos.');
   }
   ```

- Empezamos diciendo "voy a hacer algo que tomará tiempo" con `async`.
- Imprimimos un mensaje "Inicio de la tarea...".
- Luego usamos `await` para esperar 2 segundos.
- Después de esperar, imprimimos "Tarea completada después de 2 segundos."

3. **Ejecutar la tarea**:

```
tareaAsincrona();
```

Finalmente, ejecutamos nuestra tarea asíncrona.

Resumen

Las funciones asíncronas (`async`) y `await` permiten que la computadora haga otras cosas mientras espera que una tarea tome tiempo (como hervir agua). Esto hace que el programa sea más eficiente y no se quede esperando sin hacer nada. Con `async` decimos que algo tomará tiempo y con `await` decimos "espera aquí hasta que esta tarea termine".

8.5 Funciones Generadoras

Las funciones generadoras son funciones que pueden ser pausadas y resumidas en cualquier momento utilizando la palabra clave `yield`. Se definen con `function*` y retornan un objeto `Iterator`.

Imagina que estás leyendo un libro y, cada vez que terminas una página, pones un marcador para saber dónde dejaste. Luego, cuando retomas la lectura, empiezas desde el marcador. Las funciones generadoras en programación funcionan de manera similar: puedes "pausar" la función y retomarla más tarde desde donde la dejaste.

Cómo funcionan las funciones generadoras

1. **Definir una función generadora**: Se utiliza `function*` en lugar de `function` para definir una función generadora.
2. **Usar `yield` para pausar la función**: La palabra clave `yield` es como poner un marcador en la función. Indica un punto donde la función puede ser pausada y luego resumida.

Ejemplo sencillo

Vamos a ver un ejemplo con una historia simple:

```
function* generador() {
    yield 1;
    yield 2;
    yield 3;
}

const iterador = generador();

console.log(iterador.next().value); // 1
console.log(iterador.next().value); // 2
console.log(iterador.next().value); // 3
```

Explicación paso a paso:

1. **Definir la función generadora**:

   ```
   function* generador() {
   ```

```
    yield 1;
    yield 2;
    yield 3;
}
```

Esta función generadora es como un cuento en tres partes. La función se puede pausar después de cada parte (`yield 1`, `yield 2`, `yield 3`).

2. **Crear un iterador**:

```
const iterador = generador();
```

Aquí, creamos un "lector" que nos permitirá avanzar por el cuento parte por parte.

3. **Leer cada parte del cuento**:

```
console.log(iterador.next().value); // 1
console.log(iterador.next().value); // 2
console.log(iterador.next().value); // 3
```

Cada vez que llamamos `iterador.next().value`, leemos la siguiente parte del cuento:

- La primera llamada obtiene `1`.
- La segunda llamada obtiene `2`.
- La tercera llamada obtiene `3`.

Ejemplo más completo

Imagina que estás asignando números de identificación (ID) de manera secuencial y quieres que cada vez que necesites un nuevo

ID, simplemente pidas el siguiente número. Una función generadora puede hacer esto fácilmente:

```
function* generadorDeId() {
    let id = 1;
    while (true) {
        yield id++;
    }
}

const generador = generadorDeId();

console.log(generador.next().value); // 1
console.log(generador.next().value); // 2
console.log(generador.next().value); // 3
```

Explicación de este ejemplo:

1. **Definir la función generadora**:

    ```
    function* generadorDeId() {
        let id = 1;
        while (true) {
            yield id++;
        }
    }
    ```

    Esta función generadora empieza con `id` igual a 1 y luego, en un ciclo infinito (`while (true)`), produce (`yield`) un nuevo ID incrementado en 1 cada vez.

2. **Crear un iterador**:

    ```
    const generador = generadorDeId();
    ```

Creamos un iterador que usaremos para obtener los IDs.

3. **Obtener los IDs secuenciales**:

```
console.log(generador.next().value); // 1
console.log(generador.next().value); // 2
console.log(generador.next().value); // 3
```

Cada vez que llamamos `generador.next().value`, obtenemos el siguiente ID:

- La primera llamada obtiene `1`.
- La segunda llamada obtiene `2`.
- La tercera llamada obtiene `3`.

Resumen

Las funciones generadoras son como cuentos que puedes pausar y retomar cuando quieras. Usando `yield`, marcas dónde te quedaste. Cada vez que llamas `next()`, avanzas al siguiente marcador. Esto es útil para tareas como generar números secuenciales o cualquier otro proceso que necesite pausarse y resumirse fácilmente.

8.6 Funciones Inmediatas (IIFE)

Una función inmediata es una función que se ejecuta tan pronto como se define. Se usa comúnmente para evitar la contaminación del ámbito global.

Imagina que tienes una receta que quieres usar solo una vez, como una receta para hacer un pastel especial. En lugar de guardar la receta para usarla después, la escribes y haces el pastel inmediatamente, luego tiras la receta. Una función inmediata en programación funciona de manera similar: se escribe y se ejecuta al instante.

Cómo funcionan las funciones inmediatas

Las funciones inmediatas, también conocidas como IIFE (Immediately Invoked Function Expression), son funciones que se ejecutan tan pronto como se definen. Esto ayuda a evitar que variables y funciones contaminen el espacio global, lo que significa que no interfieren con otras partes del programa.

Sintaxis básica

Aquí tienes cómo se ve una función inmediata:

```
(function() {
    console.log('Ejecutado inmediatamente.');
})();
```

- **Definir la función**: La función está encerrada entre paréntesis `(function() { ... })`.
- **Ejecutar la función**: Se añaden otros paréntesis `()` al final para ejecutar la función inmediatamente.

Ejemplo sencillo

Vamos a desglosarlo con una historia:

```
(function() {
    console.log('Ejecutado inmediatamente.');
})();
```

1. **Definir y ejecutar la función**:

- Escribes la función.
- La función se ejecuta inmediatamente.
- Se imprime 'Ejecutado inmediatamente.' en la consola.

Ejemplo más completo

Imagina que quieres sumar dos números y obtener el resultado inmediatamente:

```
const resultado = (function(a, b) {
    return a + b;
})(3, 4);

console.log(resultado); // 7
```

Explicación paso a paso:

1. **Definir la función**:

   ```
   (function(a, b) {
       return a + b;
   })
   ```

   Esta es una función que toma dos argumentos a y b y devuelve su suma.

2. **Ejecutar la función con argumentos**:

   ```
   (3, 4);
   ```

   Aquí, llamamos a la función inmediatamente con los valores 3 y 4.

3. **Guardar el resultado**:

```
const resultado = ...;
```

El resultado de la suma se guarda en la variable `resultado`.

4. **Imprimir el resultado**:

```
console.log(resultado); // 7
```

Imprimimos `resultado`, que es 7.

¿Por qué usar funciones inmediatas?

1. **Evitar la contaminación del ámbito global**:
   - Las variables y funciones dentro de la IIFE no interfieren con otras partes del programa.
2. **Código más limpio y modular**:
   - Se encapsulan las variables y funciones, manteniéndolas separadas y organizadas.

Resumen

Una función inmediata es como una receta que usas y tiras inmediatamente después de hacer el pastel. En programación, escribes una función y la ejecutas al instante, evitando que las variables y funciones dentro de ella interfieran con el resto del código. Esto ayuda a mantener tu código limpio y organizado.

8. Manipulación del DOM

El DOM (Document Object Model) es una interfaz de programación que permite a los desarrolladores web manipular el contenido, la estructura y el estilo de un documento HTML.

JavaScript proporciona métodos y propiedades para interactuar con el DOM.

9.1 Introducción al DOM

El DOM representa la página web como una estructura jerárquica de nodos, donde cada nodo corresponde a una parte del documento (como un elemento, un atributo o un texto).

Imagina que una página web es como un árbol genealógico. El documento HTML es como el libro que contiene el árbol genealógico, y el DOM (Document Object Model) es la representación de ese árbol en un formato que las computadoras pueden entender y manipular.

En este "árbol" de la página web:

- Las etiquetas HTML son como las ramas.
- Los textos y otros elementos dentro de las etiquetas son como las hojas.

Estructura del DOM:

```
<!DOCTYPE html>
<html>
<head>
    <title>Documento de Ejemplo</title>
</head>
<body>
    <h1>Hola, Mundo!</h1>
    <p>Este es un párrafo.</p>
</body>
</html>
```

Representación del DOM:

document

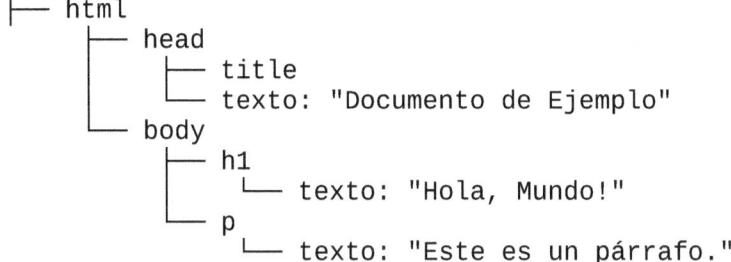

```
├── html
│   ├── head
│   │   ├── title
│   │   │   └── texto: "Documento de Ejemplo"
│   └── body
│       ├── h1
│       │   └── texto: "Hola, Mundo!"
│       └── p
│           └── texto: "Este es un párrafo."
```

9.2 Selección de Elementos

Para manipular elementos del DOM, primero debes seleccionarlos. JavaScript proporciona varios métodos para seleccionar elementos.

Métodos de Selección:

1. **getElementById:** Selecciona un elemento por su ID.
   ```
   let elemento = document.getElementById('miId');
   ```

2. **getElementsByClassName:** Selecciona todos los elementos con una clase específica.
   ```
   let elementos = document.getElementsByClassName('miClase');
   ```

3. **getElementsByTagName:** Selecciona todos los elementos con un nombre de etiqueta específico.
   ```
   let elementos = document.getElementsByTagName('div');
   ```

4. **querySelector:** Selecciona el primer elemento que coincide con un selector CSS.
   ```
   let elemento = document.querySelector('.miClase');
   ```

5. **querySelectorAll:** Selecciona todos los elementos que coinciden con un selector CSS.

```
let elementos = document.querySelectorAll('div.miClase');
```

Ejemplo:

```
<!DOCTYPE html>
<html>
<head>
    <title>Ejemplo de Selección de Elementos</title>
</head>
<body>
    <div id="miDiv">Este es un div</div>
    <p class="miClase">Párrafo 1</p>
    <p class="miClase">Párrafo 2</p>

    <script>
        let div = document.getElementById('miDiv');
        console.log(div.textContent); // Este es un div

        let parrafos = document.getElementsByClassName('miClase');
        console.log(parrafos.length); // 2
    </script>
</body>
</html>
```

9.3 Manipulación de Contenido

Una vez seleccionados los elementos, puedes modificar su contenido y atributos.

Modificar Contenido:

- **textContent:** Cambia el contenido de texto de un elemento.

  ```
  let elemento = document.getElementById('miDiv');
  ```

```
elemento.textContent = 'Nuevo contenido de
texto';
```

- **innerHTML:** Cambia el contenido HTML de un elemento.

    ```
    elemento.innerHTML = '<strong>Texto en
    negrita</strong>';
    ```

Modificar Atributos:

- **setAttribute:** Establece el valor de un atributo.

    ```
    elemento.setAttribute('class', 'nuevaClase');
    ```

- **getAttribute:** Obtiene el valor de un atributo.

    ```
    let clase = elemento.getAttribute('class');
    console.log(clase); // nuevaClase
    ```

- **removeAttribute:** Elimina un atributo.

    ```
    elemento.removeAttribute('class');
    ```

Ejemplo:

```
<!DOCTYPE html>
<html>
<head>
    <title>Ejemplo de Manipulación de Contenido</title>
</head>
<body>
    <div id="miDiv">Este es un div</div>

    <script>
        let div = document.getElementById('miDiv');
        div.textContent = 'Contenido actualizado';
        div.setAttribute('class', 'actualizado');
        console.log(div.getAttribute('class')); // actualizado
    </script>
```

```
</body>
</html>
```

9.4 Manipulación de Estilos

Puedes cambiar los estilos de los elementos del DOM utilizando la propiedad `style` o manipulando clases CSS.

Modificar Estilos Directamente:

```
let elemento = document.getElementById('miDiv');
elemento.style.color = 'red';
elemento.style.backgroundColor = 'yellow';
```

Manipulación de Clases:

- **classList.add:** Agrega una clase.

  ```
  elemento.classList.add('miClase');
  ```

- **classList.remove:** Elimina una clase.

  ```
  elemento.classList.remove('miClase');
  ```

- **classList.toggle:** Alterna una clase.

  ```
  elemento.classList.toggle('miClase');
  ```

Ejemplo:

```
<!DOCTYPE html>
<html>
<head>
    <style>
        .resaltado {
            color: blue;
            background-color: lightgrey;
        }
    </style>
    <title>Ejemplo de Manipulación de Estilos</title>
</head>
<body>
```

```
<div id="miDiv">Este es un div</div>

<script>
    let div = document.getElementById('miDiv');
    div.style.color = 'red';
    div.style.backgroundColor = 'yellow';

    div.classList.add('resaltado');
console.log(div.classList.contains('resaltado')); // true
    </script>
</body>
</html>
```

9.5 Eventos

Los eventos son acciones que ocurren en el navegador, como un clic del usuario, y pueden ser manejados mediante JavaScript para crear interactividad.

Agregar Manejadores de Eventos:

- **addEventListener:** Agrega un evento a un elemento.
  ```
  elemento.addEventListener('click', function() {
      alert('Elemento clickeado');
  });
  ```

Tipos de Eventos Comunes:

- `click`: Ocurre cuando se hace clic en un elemento.
- `mouseover`: Ocurre cuando el cursor se mueve sobre un elemento.
- `mouseout`: Ocurre cuando el cursor se mueve fuera de un elemento.
- `keydown`: Ocurre cuando se presiona una tecla.
- `load`: Ocurre cuando la página ha terminado de cargarse.

Ejemplo:

```html
<!DOCTYPE html>
<html>
<head>
    <title>Ejemplo de Eventos</title>
</head>
<body>
    <button id="miBoton">Haz clic aquí</button>

    <script>
        let boton = document.getElementById('miBoton');
        boton.addEventListener('click', function() {
            alert('Botón clickeado');
        });
    </script>
</body>
</html>
```

9.6 Creación y Eliminación de Elementos

Puedes crear y eliminar elementos del DOM dinámicamente usando JavaScript.

Crear Elementos:

- **createElement:** Crea un nuevo elemento.

    ```
    let nuevoElemento = document.createElement('div');
    nuevoElemento.textContent = 'Nuevo elemento';
    ```

- **appendChild:** Agrega un elemento como hijo.

    ```
    document.body.appendChild(nuevoElemento);
    ```

Eliminar Elementos:

- **remove:** Elimina un elemento.

    ```
    nuevoElemento.remove();
    ```

Ejemplo:

```
<!DOCTYPE html>
<html>
<head>
    <title>Ejemplo de Creación y Eliminación de Elementos</title>
</head>
<body>
    <div id="contenedor"></div>

    <script>
        let contenedor = document.getElementById('contenedor');

        let nuevoDiv = document.createElement('div');
        nuevoDiv.textContent = 'Este es un nuevo div';
        contenedor.appendChild(nuevoDiv);

        setTimeout(() => {
            nuevoDiv.remove();
        }, 3000); // Elimina el div después de 3 segundos
    </script>
</body>
</html>
```

10. AJAX y Fetch API

La comunicación asíncrona entre el cliente y el servidor es fundamental para crear aplicaciones web dinámicas y responsivas. AJAX (Asynchronous JavaScript and XML) y la Fetch API son dos técnicas que permiten realizar estas comunicaciones sin recargar la página.

10.1 Introducción a AJAX

AJAX es una técnica que permite la actualización asíncrona de partes de una página web, sin necesidad de recargarla por completo. Utiliza el objeto XMLHttpRequest para enviar y recibir datos desde un servidor.

Ejemplo de XMLHttpRequest:

```
const xhr = new XMLHttpRequest();
xhr.open('GET', 'https://api.example.com/data', true);
xhr.onreadystatechange = function() {
    if (xhr.readyState === 4 && xhr.status === 200) {
        console.log(xhr.responseText);
    }
};
xhr.send();
```

10.2 Métodos de XMLHttpRequest

Propiedades:

- readyState: Estado del XMLHttpRequest.
    - 0: UNSENT (No enviado)
    - 1: OPENED (Conexión establecida)
    - 2: HEADERS_RECEIVED (Cabeceras recibidas)
    - 3: LOADING (Cargando)
    - 4: DONE (Finalizado)
- status: Código de estado de la respuesta HTTP.
- responseText: Cuerpo de la respuesta en texto.

Métodos:

- open(method, url, async): Inicializa el pedido.
- send(body): Envía el pedido.
- setRequestHeader(header, value): Establece una cabecera HTTP.
- getResponseHeader(header): Obtiene una cabecera específica de la respuesta.

- `getAllResponseHeaders()`: Obtiene todas las cabeceras de la respuesta.

Ejemplo Completo:

```
const xhr = new XMLHttpRequest();
xhr.open('GET', 'https://api.example.com/data', true);
xhr.onreadystatechange = function() {
    if (xhr.readyState === 4) {
        if (xhr.status === 200) {
            console.log('Datos:', xhr.responseText);
        } else {
            console.error('Error en la solicitud');
        }
    }
};
xhr.send();
```

10.3 Introducción a Fetch API

La Fetch API es una interfaz moderna que permite realizar solicitudes HTTP de forma más sencilla y manejable que `XMLHttpRequest`. Retorna promesas, lo que facilita el manejo de operaciones asíncronas.

Sintaxis Básica:

```
fetch(url, options)
  .then(response => response.json())
  .then(data => console.log(data))
  .catch(error => console.error('Error:', error));
```

Ejemplo de Fetch API:

```
fetch('https://api.example.com/data')
  .then(response => {
    if (!response.ok) {
      throw new Error('Error en la solicitud');
    }
    return response.json();
```

```
})
.then(data => console.log('Datos:', data))
.catch(error => console.error('Error:', error));
```

10.4 Opciones de Fetch API

La función `fetch` acepta una URL y un objeto de opciones que se utiliza para personalizar la solicitud.

Métodos de Solicitud:

- **GET:** Obtener datos.
- **POST:** Enviar datos para crear un recurso.
- **PUT:** Actualizar un recurso existente.
- **DELETE:** Eliminar un recurso.

Ejemplo de Solicitud POST:

```
fetch('https://api.example.com/data', {
    method: 'POST',
    headers: {
        'Content-Type': 'application/json'
    },
    body: JSON.stringify({
        nombre: 'Juan',
        edad: 30
    })
})
.then(response => {
    if (!response.ok) {
        throw new Error('Error en la solicitud');
    }
    return response.json();
})
.then(data => console.log('Respuesta del servidor:', data))
.catch(error => console.error('Error:', error));
```

10.5 Manejo de Errores

Es fundamental manejar los errores en las solicitudes HTTP para asegurar una buena experiencia de usuario.

Ejemplo de Manejo de Errores:

```
fetch('https://api.example.com/data')
  .then(response => {
    if (!response.ok) {
      throw new Error(`HTTP error! status: ${response.status}`);
    }
    return response.json();
  })
  .then(data => console.log('Datos:', data))
  .catch(error => {
    console.error('Error en la solicitud:', error);
    // Manejo adicional del error (e.g., mostrar un mensaje al usuario)
  });
```

10.6 Peticiones Asíncronas con Async/Await

La sintaxis `async/await` simplifica el trabajo con promesas y es especialmente útil para hacer el código más legible cuando se trabaja con operaciones asíncronas.

Ejemplo de Fetch API con Async/Await:

```
async function obtenerDatos() {
    try {
        const response = await fetch('https://api.example.com/data');
        if (!response.ok) {
            throw new Error(`HTTP error! status: ${response.status}`);
        }
        const data = await response.json();
        console.log('Datos:', data);
    } catch (error) {
```

```
            console.error('Error en la solicitud:',
error);
    }
}

obtenerDatos();
```

10.7 Comparación entre `XMLHttpRequest` y Fetch API

Ventajas de Fetch API:

- Sintaxis más limpia y fácil de entender.
- Basado en promesas, lo que facilita el manejo de operaciones asíncronas.
- Soporta de manera nativa las características de modernización como `async/await`.

Ventajas de `XMLHttpRequest`:

- Mayor compatibilidad con navegadores antiguos.
- Más control sobre el proceso de la solicitud, como la capacidad de cancelar solicitudes.

10.8 Ejemplos Prácticos

Ejemplo de Solicitud GET con Fetch API:

```
fetch('https://jsonplaceholder.typicode.com/posts/1')
  .then(response => {
    if (!response.ok) {
      throw new Error(`HTTP error! status: $
{response.status}`);
    }
    return response.json();
  })
  .then(data => console.log('Post:', data))
  .catch(error => console.error('Error:', error));
```

Ejemplo de Solicitud POST con Fetch API:

```
fetch('https://jsonplaceholder.typicode.com/posts', {
    method: 'POST',
    headers: {
        'Content-Type': 'application/json'
    },
    body: JSON.stringify({
        title: 'foo',
        body: 'bar',
        userId: 1
    })
})
.then(response => {
    if (!response.ok) {
        throw new Error(`HTTP error! status: ${response.status}`);
    }
    return response.json();
})
.then(data => console.log('Nuevo Post:', data))
.catch(error => console.error('Error:', error));
```

Ejemplo de Manejo de Errores en Fetch API:

```
fetch('https://api.example.com/data')
  .then(response => {
    if (!response.ok) {
        throw new Error(`Error HTTP! estado: ${response.status}`);
    }
    return response.json();
  })
  .then(data => console.log('Datos:', data))
  .catch(error => {
    console.error('Error en la solicitud:', error);
    alert('Hubo un problema al cargar los datos.');
  });
```

Estas técnicas y ejemplos muestran cómo AJAX y la Fetch API permiten realizar solicitudes HTTP de manera eficiente y asíncrona, proporcionando una mejor experiencia de usuario en aplicaciones web.

Ejercicios prácticos parte 3

Ejercico 14: Conceptos básicos de POO

Crea una clase `Animal` con una propiedad `nombre` y un método `hablar` que imprima un mensaje "El animal hace un sonido".

Ejercicio 15: Clases y objetos

Crea una instancia de la clase `Animal`, asígnale un nombre y llama al método `hablar`.

Ejercicio 16: Herencia

Crea una clase `Perro` que herede de `Animal` y tenga un método `hablar` que imprima "El perro ladra".

Ejercicio 17: Encapsulación

Modifica la clase `Perro` para que tenga una propiedad privada `raza` y un método público `getRaza` que devuelva la raza del perro.

Ejercicio 18: Polimorfismo

Crea una clase `Gato` que herede de `Animal` y tenga un método `hablar` que imprima "El gato maúlla". Luego, crea una función que tome un objeto `Animal` y llame a su método `hablar`.

Ejercicio 19: Métodos estáticos y propiedades estáticas

Añade un método estático `crearPerro` a la clase `Perro` que devuelva una nueva instancia de `Perro`.

Ejercicio 20: Funciones flecha

Escribe una función flecha que tome dos números como parámetros y devuelva su suma.

Ejercicio 21: Funciones de orden superior:

Escribe una función que tome otra función como parámetro y la llame con un valor específico.

Ejercicio 22: Closures

Escribe una función que devuelva otra función. La función devuelta debería recordar una variable del contexto de la función exterior.

Ejercicio 23: Funciones asíncronas – Async/Await

Escribe una función asíncrona que haga una petición `fetch` a una API y devuelva los datos. Maneja los errores usando `try-catch`.

Ejercicio 24: Funciones generadoras

Escribe una función generadora que devuelva los primeros 10 números pares.

Ejercicio 25: Funciones inmediatas

Escribe una función autoejecutable que imprima "Función autoejecutable" en la consola.

Ejercicio 26: Introducción al DOM

Selecciona un elemento con el id "titulo" y cambia su contenido de texto a "Nuevo Título".

Ejercicio 27: Selección de elementos

Selecciona todos los elementos con la clase "item" y cambia su color de fondo a amarillo.

Ejercicio 28: Manipulación del contenido

Añade un nuevo elemento `li` al final de una lista con el id "lista".

Ejercicio 29: Manipulación de estilos

Cambia el color del primer párrafo a azul.

Ejercicio 30: Eventos

Añade un evento de clic a un botón con el id "boton" que imprima "Botón clickeado" en la consola.

Ejercicio 31: Creación y eliminación de elementos

Crea un nuevo elemento `div` con texto "Elemento dinámico" y agrégalo al cuerpo del documento. Luego, elimina el `div` después de 5 segundos.

Ejercicio 32: Introducción a AJAX

Haz una solicitud AJAX para obtener datos de una API y muestra los datos en la consola.

Ejercicio 33: Métodos XMLHttpRequest

Usa `XMLHttpRequest` para hacer una solicitud GET a una API y manejar la respuesta.

Ejercicio 34: Fetch API

Usa `fetch` para hacer una solicitud GET a una API y maneja la respuesta y errores.

Ejercicio 35: Manejo de errores

Implementa manejo de errores en una solicitud `fetch` usando `try-catch`.

Ejercicio 36: Peticiones asíncronas con async/await

Escribe una función asíncrona que haga una solicitud `fetch` y maneje los errores.

Parte 4: Herramientas y Ecosistema

11. Desarrollo Asistido

El desarrollo asistido se refiere al uso de herramientas y entornos que facilitan el proceso de escribir, depurar y mantener código JavaScript. Estas herramientas mejoran la productividad de los desarrolladores y la calidad del código.

11.1 Editores de Código y Entornos de Desarrollo Integrados (IDE)

Elegir el editor de código o IDE adecuado puede marcar una gran diferencia en la eficiencia y comodidad del desarrollo.

Editores Populares:

1. **Visual Studio Code (VS Code):**
   - Características: Soporte para depuración, integración de control de versiones, terminal integrado, y un vasto ecosistema de extensiones.
   - Extensiones Recomendadas:
     - **ESLint:** Para análisis de código estático y corrección de errores.
     - **Prettier:** Para formateo automático del código.

- **Live Server:** Para recargar automáticamente la página web en el navegador durante el desarrollo.
- **JavaScript (ES6) code snippets:** Para usar fragmentos de código comunes de ES6.

2. **Sublime Text:**

   - Características: Ligero y rápido, con soporte para múltiples lenguajes de programación y un sistema de plugins robusto.
   - Plugins Recomendados:
     - **Package Control:** Para gestionar otros plugins.
     - **JSFormat:** Para formatear código JavaScript.
     - **SublimeLinter:** Para análisis de código estático.

3. **WebStorm:**

   - Características: Un IDE poderoso específicamente diseñado para JavaScript, con soporte para TypeScript, Node.js, React, Angular, y más.
   - Funcionalidades Destacadas: Refactorización de código, integración con VCS, herramientas de depuración avanzadas, y soporte completo para el ecosistema JavaScript.

11.2 Sistemas de Control de Versiones

El uso de sistemas de control de versiones es fundamental para el desarrollo colaborativo y el seguimiento de cambios en el código.

Git:

- **Características:** Distribuido, lo que permite trabajar en paralelo sin necesidad de una conexión constante a un servidor central.
- **Comandos Básicos:**
  - `git init`: Inicializa un nuevo repositorio Git.
  - `git clone <url>`: Clona un repositorio existente.
  - `git add <archivo>`: Añade archivos al área de preparación.
  - `git commit -m "mensaje"`: Realiza un commit de los cambios añadidos.
  - `git push`: Envía los commits locales al repositorio remoto.
  - `git pull`: Obtiene y fusiona cambios desde el repositorio remoto.

GitHub:

- **Características:** Plataforma de alojamiento para repositorios Git que facilita la colaboración mediante pull requests, revisiones de código, y gestión de proyectos.
- **Funciones Adicionales:**
  - **GitHub Actions:** Para automatizar flujos de trabajo como pruebas y despliegues.
  - **GitHub Pages:** Para alojar sitios web estáticos directamente desde un repositorio.

11.3 Herramientas de Análisis de Código

Las herramientas de análisis de código ayudan a identificar errores potenciales y a mantener estándares de codificación.

ESLint:

- **Características:** Análisis de código estático que encuentra problemas en el código JavaScript.
- **Configuración Básica:**

```
{
  "env": {
    "browser": true,
    "node": true,
    "es6": true
  },
  "extends": "eslint:recommended",
  "rules": {
    "indent": ["error", 2],
    "quotes": ["error", "single"],
    "semi": ["error", "always"]
  }
}
```

Prettier:

- **Características:** Formateador de código que asegura un estilo consistente.
- **Configuración Básica:**

```
{
  "printWidth": 80,
  "tabWidth": 2,
  "singleQuote": true,
  "trailingComma": "es5"
}
```

11.4 Depuración y Pruebas

Depuración:

Las herramientas de depuración permiten encontrar y corregir errores en el código de manera eficiente.

- **Chrome DevTools:**

- **Características:** Herramientas integradas en el navegador Chrome para depuración de JavaScript, inspección del DOM, análisis de rendimiento, y más.
- **Funciones Clave:**
  - **Sources Panel:** Para establecer puntos de interrupción (breakpoints) y paso a paso (step-by-step) en la ejecución del código.
  - **Console:** Para ejecutar comandos JavaScript y ver errores y registros de la aplicación.

Pruebas:

Las pruebas aseguran que el código funciona como se espera y facilita el mantenimiento a largo plazo.

- **Jest:**
  - **Características:** Marco de pruebas en JavaScript con soporte para pruebas unitarias, pruebas de integración, y pruebas de instantáneas.
  - **Ejemplo de Configuración:**
  ```
  test('suma de 1 + 2 es igual a 3', () =>
  {
    expect(1 + 2).toBe(3);
  });
  ```
- **Mocha y Chai:**
  - **Mocha:** Marco de pruebas para JavaScript que permite ejecutar pruebas asincrónicas.
  - **Chai:** Librería de aserciones que se puede usar con Mocha para hacer afirmaciones en las pruebas.
  - **Ejemplo de Configuración:**

```
const { expect } = require('chai');

describe('Pruebas de suma', () => {
  it('suma de 1 + 2 es igual a 3', () => 
  {
    expect(1 + 2).to.equal(3);
  });
});
```

11.5 Automatización de Tareas

La automatización de tareas es clave para aumentar la eficiencia y garantizar la consistencia en el proceso de desarrollo.

- **Gulp:**
  - **Características:** Herramienta de construcción que automatiza tareas como minificación de archivos, preprocesamiento de CSS, y recarga automática del navegador.
  - **Ejemplo de Configuración:**
    ```
    const { src, dest, watch, series } = require('gulp');
    const sass = require('gulp-sass')(require('sass'));
    const uglify = require('gulp-uglify');

    function estilos() {
      return src('src/scss/*.scss')
        .pipe(sass().on('error', sass.logError))
        .pipe(dest('dist/css'));
    }

    function scripts() {
      return src('src/js/*.js')
        .pipe(uglify())
        .pipe(dest('dist/js'));
    }
    ```

```
exports.default = function() {
  watch('src/scss/*.scss', estilos);
  watch('src/js/*.js', scripts);
};
```

- **Webpack:**
    - **Características:** Empaquetador de módulos que transforma y empaqueta múltiples archivos JavaScript en uno o más paquetes.
    - **Ejemplo de Configuración:**

    ```
    const path = require('path');

    module.exports = {
      entry: './src/index.js',
      output: {
        filename: 'bundle.js',
        path: path.resolve(__dirname, 'dist')
      },
      module: {
        rules: [
          {
            test: /\.css$/,
            use: ['style-loader', 'css-loader']
          }
        ]
      }
    };
    ```

Estas herramientas y prácticas de desarrollo asistido son fundamentales para un flujo de trabajo eficiente y efectivo en el desarrollo de aplicaciones JavaScript. El uso adecuado de editores, sistemas de control de versiones, análisis de código, depuración, pruebas y automatización de tareas permite a los desarrolladores mejorar la calidad y la velocidad de entrega de sus proyectos.

12. Módulos y NPM

La modularización y el manejo de dependencias son aspectos cruciales del desarrollo moderno en JavaScript. Los módulos permiten dividir el código en partes reutilizables y mantenibles, mientras que NPM (Node Package Manager) facilita la gestión de paquetes y dependencias.

12.1 Introducción a los Módulos en JavaScript

Los módulos permiten dividir el código en partes más pequeñas y manejables. Esto hace que el código sea más fácil de mantener y reutilizar. Hay dos sistemas de módulos en JavaScript: CommonJS y ES6 Modules.

CommonJS (usado en Node.js):

1. **Crear un módulo**: Escribe la función en un archivo, por ejemplo, `suma.js`.

   ```
   // archivo suma.js
   function suma(a, b) {
       return a + b;
   }
   module.exports = suma;
   ```

2. **Usar el módulo**: En otro archivo, como `app.js`, importa la función y úsala.

   ```
   // archivo app.js
   const suma = require('./suma');
   console.log(suma(2, 3)); // 5
   ```

ES6 Modules (especificación estándar de ECMAScript):

1. **Crear un módulo**: Define la función en un archivo, por ejemplo, `suma.js`.

   ```
   // archivo suma.js
   export function suma(a, b) {
       return a + b;
   }
   ```

2. **Usar el módulo**: Importa la función en otro archivo, como `app.js`.

   ```
   // archivo app.js
   import { suma } from './suma.js';
   console.log(suma(2, 3)); // 5
   ```

Para usar ES6 Modules en Node.js, asegúrate de que el archivo tenga la extensión `.mjs` o configura `"type": "module"` en `package.json`.

12.2 NPM (Node Package Manager)

NPM es una herramienta que permite instalar, compartir y gestionar paquetes de código en proyectos de JavaScript.

Instalación y Configuración de NPM:

1. **Instalar Node.js**: Primero, debes tener Node.js instalado. Descárgalo desde nodejs.org.

2. **Inicializar un Proyecto Node.js**:
   - Abre tu terminal (en Windows, puedes usar PowerShell o el símbolo del sistema; en macOS y Linux, usa la terminal).

- Navega a la carpeta de tu proyecto.
- Ejecuta el comando:

  `npm init`

- Responde a las preguntas para crear un archivo `package.json` que almacenará la información del proyecto y sus dependencias.

Instalación de Paquetes:

1. **Instalación Local**:

   - En la terminal, dentro de la carpeta de tu proyecto, instala un paquete:

     `npm install <nombre-del-paquete>`

   - Ejemplo:

     `npm install lodash`

   Esto instalará el paquete `lodash` y añadirá la dependencia a `package.json`.

2. **Instalación Global**:

   - En la terminal, ejecuta el comando:

     `npm install -g <nombre-del-paquete>`

   - Ejemplo:

     `npm install -g nodemon`

Esto instalará `nodemon` globalmente, permitiendo usarlo en cualquier proyecto.

Gestión de Dependencias:

El archivo `package.json` contiene todas las dependencias del proyecto. Aquí hay un ejemplo de cómo se ve:

```
{
  "name": "mi-proyecto",
  "version": "1.0.0",
  "description": "Descripción del proyecto",
  "main": "index.js",
  "scripts": {
    "start": "node index.js"
  },
  "dependencies": {
    "lodash": "^4.17.21"
  },
  "devDependencies": {
    "nodemon": "^2.0.7"
  }
}
```

Comandos Útiles:

- **Instalar todas las dependencias:**

  ```
  npm install
  ```

- **Actualizar todas las dependencias:**

  ```
  npm update
  ```

- **Desinstalar un paquete:**

```
npm uninstall <nombre-del-paquete>
```

Uso de Scripts NPM:

Puedes definir scripts personalizados en `package.json` para automatizar tareas comunes.

```
{
  "scripts": {
    "start": "node index.js",
    "dev": "nodemon index.js",
    "test": "mocha"
  }
}
```

Para ejecutar un script, usa:

```
npm run <nombre-del-script>
```

Ejemplo:

```
npm run dev
```

12.3 Publicación de Paquetes en NPM

Publicar paquetes en NPM permite compartir tu código con la comunidad.

Pasos para Publicar un Paquete:

1. **Crear una Cuenta en NPM**:

   ```
   npm adduser
   ```

2. **Iniciar Sesión**:

```
npm login
```

3. **Publicar el Paquete**:

```
npm publish
```

Asegúrate de que el nombre del paquete en `package.json` sea único y no esté ya registrado en NPM.

12.4 Ejemplos Prácticos

Instalación y Uso de un Paquete:

1. **Instalar Axios**:

```
npm install axios
```

2. **Usar Axios en un archivo**:

```js
// archivo index.js
const axios = require('axios');

axios.get('https://api.example.com/data')
  .then(response => {
    console.log(response.data);
  })
  .catch(error => {
    console.error('Error en la solicitud:', error);
  });
```

Publicación de un Paquete Simple:

1. **Crear y Configurar el Proyecto**:

```
mkdir mi-paquete
```

```
cd mi-paquete
npm init
```

2. **Escribir el Código del Paquete:**

```
// archivo index.js
function saludar(nombre) {
    return `Hola, ${nombre}!`;
}

module.exports = saludar;
```

3. **Publicar en NPM:**

```
npm publish
```

Actualización de Paquetes:

Para actualizar un paquete a su última versión, usa:

```
npm update <nombre-del-paquete>
```

Ejemplo:

```
npm update lodash
```

Estas prácticas y herramientas permiten a los desarrolladores gestionar eficazmente las dependencias y modularizar el código en JavaScript, mejorando la organización, la reutilización y el mantenimiento del proyecto.

13. Transpiladores y Compiladores

En el desarrollo moderno de JavaScript, los transpiladores y compiladores son herramientas esenciales que permiten escribir código en versiones modernas o en lenguajes distintos que se

convierten a JavaScript. Esto garantiza compatibilidad con
navegadores y entornos que no soportan las últimas características
del lenguaje o permiten el uso de sintaxis y características
avanzadas.

13.1 ¿Qué es un Transpilador?

Un transpilador es una herramienta que toma código fuente
escrito en un lenguaje y lo convierte a otro lenguaje,
generalmente de nivel similar. En el contexto de JavaScript, los
transpiladores convierten el código escrito en versiones modernas
de JavaScript (ES6 y posteriores) a versiones más antiguas (ES5)
compatibles con todos los navegadores.

13.2 Babel

Babel es el transpilador más popular en el ecosistema JavaScript.
Permite escribir código en la última versión de JavaScript y lo
convierte a una versión compatible con navegadores antiguos.

instalación y Configuración Básica

Para usar Babel en un proyecto, primero instala las dependencias
necesarias:

```
npm install --save-dev @babel/core @babel/cli
@babel/preset-env
```

Luego, crea un archivo de configuración `.babelrc`:

```
{
  "presets": ["@babel/preset-env"]
}
```

Archivo de Ejemplo:

- archivo `src/index.js`:

```
const saludar = (nombre) => {
  console.log(`Hola, ${nombre}!`);
};

saludar('Mundo');
```

Transpilar el Código:

```
npx babel src --out-dir dist
```

Esto transpilara todos los archivos en la carpeta `src` y colocará el código transpilado en la carpeta `dist`.

Plugins y Presets

Babel es altamente configurable y utiliza plugins y presets para determinar cómo transformar el código.

- **Presets:** Colecciones de plugins. Ejemplo: `@babel/preset-env` adapta el código basado en el entorno de ejecución.
- **Plugins:** Transforman partes específicas del código. Ejemplo: `@babel/plugin-transform-arrow-functions` convierte funciones de flecha en funciones normales.

Configuración con Plugins:

```
{
  "presets": ["@babel/preset-env"],
  "plugins": ["@babel/plugin-transform-arrow-functions"]
}
```

13.3 TypeScript

TypeScript es un lenguaje de programación que extiende JavaScript añadiendo tipos estáticos. El código TypeScript se compila a JavaScript, lo que permite detectar errores en tiempo de desarrollo y facilita el mantenimiento de aplicaciones grandes.

Instalación y Configuración Básica

Para usar TypeScript, primero instala las dependencias necesarias:

```
npm install --save-dev typescript
```

Luego, crea un archivo de configuración `tsconfig.json`:

```
{
  "compilerOptions": {
    "target": "ES5",
    "module": "commonjs",
    "strict": true,
    "outDir": "./dist"
  },
  "include": ["src"]
}
```

Archivo de Ejemplo:

- **archivo `src/index.ts`:**

    ```
    function saludar(nombre: string): void {
      console.log(`Hola, ${nombre}!`);
    }
    saludar('Mundo');
    ```

Compilar el Código:

```
npx tsc
```

Esto compilará todos los archivos en la carpeta `src` y colocará el código JavaScript en la carpeta `dist`.

Ventajas de TypeScript
- **Tipos Estáticos:** Ayudan a detectar errores antes de ejecutar el código.
- **Autocompletado y Documentación:** Mejora la productividad en editores como Visual Studio Code.
- **Refactorización Segura:** Facilita el mantenimiento y la evolución del código.

13.4 Otros Transpiladores y Compiladores

CoffeeScript

CoffeeScript es un lenguaje que compila a JavaScript. Su sintaxis es más concisa y legible, y se inspira en Python y Ruby.

Instalación y Uso:

```
npm install --save-dev coffeescript
```

- archivo `src/index.coffee`:

```
saludar = (nombre) ->
  console.log "Hola, #{nombre}!"

saludar 'Mundo'
```

Compilar el Código:

```
npx coffee --compile --output dist src
```

Flow

Flow es una herramienta de análisis estático de tipos para JavaScript, desarrollada por Facebook. Permite añadir anotaciones de tipos para detectar errores en tiempo de desarrollo.

Instalación y Configuración Básica:

```
npm install --save-dev flow-bin
```

Luego, crea un archivo de configuración `.flowconfig`:

```
npx flow init
```

Archivo de Ejemplo:

- archivo `src/index.js`:

```
// @flow
function saludar(nombre: string): void {
  console.log(`Hola, ${nombre}!`);
}
saludar('Mundo');
```

Comprobar Tipos:

```
npx flow
```

Svelte y otros Frameworks Compilables

Svelte es un framework de JavaScript que convierte los componentes en código eficiente que se ejecuta en el navegador, eliminando la necesidad de una librería en tiempo de ejecución.

Instalación y Uso Básico:

```
npx degit sveltejs/template mi-proyecto
cd mi-proyecto
npm install
npm run dev
```

Archivo de Ejemplo:

- archivo `src/App.svelte`:

```
<script>
  let nombre = 'Mundo';
</script>

<style>
  h1 {
```

```
    color: purple;
  }
</style>

<h1>Hola, {nombre}!</h1>
```

Estos transpiladores y compiladores permiten a los desarrolladores escribir código en versiones modernas de JavaScript o en otros lenguajes, mejorando la productividad, la legibilidad y la mantenibilidad del código, a la vez que aseguran la compatibilidad con diversos entornos de ejecución.

Parte 5: Marcos y librerías populares

La diferencia entre frameworks y librerías radica principalmente en la manera en que se estructuran y se utilizan dentro de una aplicación. Aquí hay una explicación detallada de las diferencias clave:

Librerías

1. **Definición**:

    - Una librería es un conjunto de funciones y utilidades que puedes utilizar para realizar tareas específicas en tu código. Las librerías te ofrecen herramientas que puedes invocar cuando las necesites.

2. **Control**:

    - Tú tienes el control del flujo de la aplicación. Llamas a las funciones de la librería según tu necesidad. Es decir, el código de tu aplicación dirige el uso de la librería.

3. **Flexibilidad**:

   - Las librerías suelen ser más flexibles ya que puedes elegir cuándo y cómo utilizarlas sin seguir una estructura estricta.

4. **Uso común**:

   - Las librerías se utilizan para tareas específicas como manipulación del DOM (jQuery), manipulación de fechas (Moment.js), o visualización de datos (D3.js).

Frameworks

1. **Definición**:

   - Un framework es una plataforma completa para el desarrollo de aplicaciones que ofrece una estructura predefinida y sugiere una manera particular de organizar y desarrollar tu aplicación.

2. **Control**:

   - El framework tiene el control del flujo de la aplicación. El código de tu aplicación es integrado y gestionado por el framework, que dicta cómo deben interactuar las diferentes partes de tu aplicación. Esto se conoce como "Inversión de Control".

3. **Estructura**:

   - Los frameworks proporcionan una estructura más rígida que dicta la organización del proyecto y cómo se deben gestionar los componentes, la lógica de negocios, la presentación, etc.

4. **Uso común**:

- Los frameworks se utilizan para construir aplicaciones completas, especialmente aquellas que requieren una estructura y un flujo de trabajo definidos, como aplicaciones web complejas (Angular, Vue.js, React), aplicaciones de backend (Express, Django), o aplicaciones móviles (React Native).

Resumen de Diferencias Clave

- **Control**: Las librerías son llamadas por tu código, mientras que los frameworks llaman y gestionan tu código.
- **Estructura**: Los frameworks proporcionan una estructura rígida y predefinida, mientras que las librerías son más flexibles y se pueden utilizar en cualquier parte del código.
- **Alcance**: Las librerías suelen abordar tareas específicas, mientras que los frameworks abarcan un conjunto más amplio de funcionalidades y guían la arquitectura completa de la aplicación.

Entender estas diferencias te ayudará a decidir cuándo usar una librería o un framework en tus proyectos de desarrollo.

14. Introducción a jQuery

jQuery es una biblioteca de JavaScript diseñada para simplificar la manipulación del DOM, el manejo de eventos, la animación y las interacciones AJAX. Lanzada en 2006 por John Resig, jQuery se ha convertido en una de las bibliotecas más populares debido a su simplicidad y su compatibilidad con múltiples navegadores.

14.1 Historia y Ventajas de jQuery

Historia de jQuery

jQuery fue creada en una época en la que la manipulación del DOM y la compatibilidad entre navegadores eran tareas complejas y propensas a errores. A lo largo de los años, ha evolucionado para incluir una amplia gama de funcionalidades que hacen más fácil trabajar con JavaScript en el navegador.

Ventajas de Usar jQuery

- **Simplicidad y Facilidad de Uso:** jQuery reduce la cantidad de código necesario para realizar tareas comunes.
- **Compatibilidad con Navegadores:** jQuery maneja las diferencias entre navegadores de manera interna, ofreciendo una API unificada.
- **Extensible:** Permite la creación de plugins para extender su funcionalidad.
- **Comunidad y Ecosistema:** Amplia comunidad de desarrolladores y abundante documentación y plugins disponibles.

14.2 Integración de jQuery en un Proyecto

Instalación

Puedes incluir jQuery en tu proyecto de varias maneras, incluyendo a través de un CDN o descargando la biblioteca y hospedándola localmente.

Usar un CDN:

```
<script src="https://code.jquery.com/jquery-3.6.0.min.js"></script>
```

Descargar y Hospedar Localmente:

Descarga jQuery desde jquery.com y coloca el archivo en tu proyecto. Luego inclúyelo en tu HTML:

```
<script src="path/to/your/jquery.min.js"></script>
```

Verificación de jQuery

Para verificar que jQuery se ha cargado correctamente, puedes ejecutar el siguiente código en la consola de tu navegador:

```
if (window.jQuery) {
    console.log('jQuery está cargado.');
} else {
    console.log('jQuery no está cargado.');
}
```

14.3 Selectores y Manipulación del DOM

Los selectores de jQuery permiten seleccionar y manipular elementos del DOM de manera eficiente y con una sintaxis simplificada.

Selectores Básicos

Los selectores de jQuery utilizan una sintaxis similar a los selectores de CSS.

Ejemplos de Selectores:

- **Seleccionar todos los párrafos:**
  ```
  $('p')
  ```

- **Seleccionar un elemento por ID:**
  ```
  $('#mi-id')
  ```

- **Seleccionar elementos por clase:**
  ```
  $('.mi-clase')
  ```

Manipulación del DOM

jQuery simplifica la manipulación del DOM con métodos fáciles de usar.

Ejemplos de Manipulación:

- **Cambiar el texto de un elemento:**
  ```
  $('#mi-id').text('Nuevo texto');
  ```

- **Cambiar el HTML de un elemento:**
  ```
  $('#mi-id').html('<strong>Texto en negrita</strong>');
  ```

- **Añadir una clase a un elemento:**
  ```
  $('#mi-id').addClass('nueva-clase');
  ```

- **Ocultar un elemento:**
  ```
  $('#mi-id').hide();
  ```

- **Mostrar un elemento:**
  ```
  $('#mi-id').show();
  ```

14.4 Manejo de Eventos

jQuery facilita la gestión de eventos, permitiendo a los desarrolladores adjuntar eventos a elementos del DOM con una sintaxis simple y unificada.

Adjuntar Eventos

Ejemplos de Manejo de Eventos:

- **Evento de clic:**
  ```
  $('#mi-boton').click(function() {
    alert('Botón clickeado');
  });
  ```

- **Evento de cambio:**
  ```
  $('#mi-input').change(function() {
    console.log('El valor ha cambiado');
  });
  ```

Delegación de Eventos

La delegación de eventos es útil cuando se añaden elementos dinámicamente al DOM.

Ejemplo de Delegación de Eventos:
```
$(document).on('click', '.mi-clase-dinamica', function() {
  alert('Elemento dinámico clickeado');
});
```

14.5 AJAX con jQuery

jQuery simplifica las solicitudes AJAX, permitiendo la comunicación con servidores de manera asíncrona.

Método $.ajax()

El método $.ajax() es el más completo y flexible para realizar solicitudes AJAX.

Ejemplo de Uso de $.ajax():

```
$.ajax({
  url: 'https://api.example.com/data',
  method: 'GET',
  success: function(data) {
    console.log('Datos recibidos:', data);
  },
  error: function(error) {
    console.error('Error en la solicitud:', error);
  }
});
```

Métodos Simples de AJAX

jQuery también proporciona métodos simplificados para solicitudes AJAX comunes.

Ejemplos de Métodos Simplificados:

- **GET:**

  ```
  $.get('https://api.example.com/data',
  function(data) {
    console.log('Datos recibidos:', data);
  });
  ```

- **POST:**

  ```
  $.post('https://api.example.com/data',
  { nombre: 'Juan' }, function(data) {
    console.log('Respuesta del servidor:', data);
  ```

```
});
```

14.6 Animaciones y Efectos

jQuery facilita la creación de animaciones y efectos visuales en elementos del DOM.

Métodos de Animación
Ejemplos de Métodos de Animación:

- **Deslizar hacia abajo:**
  ```
  $('#mi-elemento').slideDown();
  ```

- **Deslizar hacia arriba:**
  ```
  $('#mi-elemento').slideUp();
  ```

- **Desaparecer:**
  ```
  $('#mi-elemento').fadeOut();
  ```

- **Aparecer:**
  ```
  $('#mi-elemento').fadeIn();
  ```

Método `.animate()`

El método `.animate()` permite crear animaciones personalizadas.

Ejemplo de Uso de `.animate()`:

```
$('#mi-elemento').animate({
  opacity: 0.5,
  left: '+=50'
}, 1000);
```

14.7 Plugins de jQuery

Uno de los mayores beneficios de jQuery es la vasta cantidad de plugins disponibles que extienden su funcionalidad.

Instalación y Uso de Plugins

Para usar un plugin, generalmente solo necesitas incluir el archivo del plugin después de incluir jQuery en tu HTML.

Ejemplo:

Incluye el plugin:

```html
<script src="https://code.jquery.com/jquery-3.6.0.min.js"></script>
<script src="https://path/to/plugin.js"></script>
```

Usa el plugin en tu código JavaScript:

```javascript
$(document).ready(function() {
  $('#mi-elemento').pluginNombre({ opcion: 'valor' });
});
```

Ejemplos de Plugins Populares

- **jQuery UI:** Añade componentes interactivos y efectos visuales.

  ```html
  <link rel="stylesheet" href="https://code.jquery.com/ui/1.12.1/themes/base/jquery-ui.css">
  <script src="https://code.jquery.com/ui/1.12.1/jquery-ui.js"></script>
  ```

- **Slick:** Un plugin de carrusel.

  ```html
  <link rel="stylesheet" href="https://cdn.jsdelivr.net/npm/slick-carousel/slick/slick.css">
  ```

```html
<script
src="https://cdn.jsdelivr.net/npm/slick-
carousel/slick/slick.min.js"></script>
```

- **DataTables:** Para mejorar las tablas HTML con paginación, búsqueda y ordenación.

```html
<link rel="stylesheet"
href="https://cdn.datatables.net/1.10.24/css/jq
uery.dataTables.min.css">
<script
src="https://cdn.datatables.net/1.10.24/js/jque
ry.dataTables.min.js"></script>
```

14.8 Casos de Uso Comunes

- **Validación de Formularios:**

```javascript
$('#mi-formulario').submit(function(event) {
  if ($('#mi-input').val() === '') {
    alert('El campo no puede estar vacío');
    event.preventDefault();
  }
});
```

- **Carga de Contenido Dinámico:**

```javascript
$('#mi-boton').click(function() {
  $('#mi-contenedor').load('contenido.html');
});
```

jQuery sigue siendo una herramienta valiosa para desarrolladores que buscan simplicidad y compatibilidad al manipular el DOM y realizar tareas comunes en JavaScript, aunque su uso ha disminuido con la aparición de frameworks modernos como React, Vue y Angular.

15. React

React es una librería de JavaScript para construir interfaces de usuario, desarrollada por Facebook. Se enfoca en la creación de componentes reutilizables y manejables que permiten desarrollar aplicaciones web interactivas y rápidas.

15.1 Conceptos Básicos de React

¿Qué es React?

React es una biblioteca declarativa, eficiente y flexible para la construcción de interfaces de usuario. Su principal característica es el uso de componentes, que permiten dividir la interfaz en partes independientes, reutilizables y aisladas.

JSX

JSX es una extensión de sintaxis para JavaScript que permite escribir código similar a HTML dentro de JavaScript. JSX no es necesario para usar React, pero facilita la creación de componentes visuales.

Ejemplo de JSX:

```
const elemento = <h1>Hola, mundo!</h1>;
```

Primer Componente en React

Un componente en React es una función o clase que opcionalmente acepta entradas (conocidas como "props") y devuelve un elemento React que describe cómo debería aparecer una sección de la interfaz.

Ejemplo de Componente Funcional:

```
function Saludo(props) {
  return <h1>Hola, {props.nombre}!</h1>;
}
```

Ejemplo de Uso del Componente:

```
const elemento = <Saludo nombre="Mundo" />;
```

15.2 Componentes y Props

Componentes Funcionales vs. Componentes de Clase

Los componentes funcionales son funciones de JavaScript que retornan elementos React. Los componentes de clase son clases de ES6 que extienden de `React.Component` y tienen un método `render` que retorna elementos React.

Componente Funcional:

```
function Bienvenida(props) {
  return <h1>Bienvenido, {props.nombre}</h1>;
}
```

Componente de Clase:

```
class Bienvenida extends React.Component {
  render() {
    return <h1>Bienvenido, {this.props.nombre}</h1>;
  }
}
```

Props

Las "props" (abreviatura de "propiedades") son la forma en que se pasan datos de un componente padre a un componente hijo.

Pasar Props a un Componente:

```
const elemento = <Bienvenida nombre="Juan" />;
```

Acceso a Props en un Componente:

```jsx
Copiar código
function Bienvenida(props) {
```

```
    return <h1>Bienvenido, {props.nombre}</h1>;
}
```

15.3 Estado y Ciclo de Vida

Estado (State)

El estado es una estructura que mantiene datos que pueden cambiar durante el ciclo de vida del componente. Se utiliza principalmente en componentes de clase, aunque los hooks han permitido el uso del estado en componentes funcionales.

Estado en un Componente de Clase:

```
class Reloj extends React.Component {
  constructor(props) {
    super(props);
    this.state = { fecha: new Date() };
  }

  render() {
    return <h2>Son las {this.state.fecha.toLocaleTimeString()}.</h2>;
  }
}
```

Ciclo de Vida

Los métodos de ciclo de vida son métodos especiales en componentes de clase que se ejecutan en diferentes etapas del ciclo de vida del componente, como cuando se monta, se actualiza o se desmonta.

Métodos de Ciclo de Vida Comunes:
- `componentDidMount()`: Se llama después de que el componente se haya montado en el DOM.
- `componentDidUpdate(prevProps, prevState)`: Se llama después de una actualización.

- `componentWillUnmount()`: Se llama justo antes de desmontar el componente.

Ejemplo de Uso del Ciclo de Vida:

```
class Reloj extends React.Component {
  constructor(props) {
    super(props);
    this.state = { fecha: new Date() };
  }

  componentDidMount() {
    this.timerID = setInterval(() => this.tick(), 1000);
  }

  componentWillUnmount() {
    clearInterval(this.timerID);
  }

  tick() {
    this.setState({
      fecha: new Date()
    });
  }

  render() {
    return <h2>Son las {this.state.fecha.toLocaleTimeString()}.</h2>;
  }
}
```

15.4 Hooks

Los hooks son funciones que permiten usar estado y otras características de React en componentes funcionales. Introducidos en React 16.8, los hooks permiten simplificar componentes y evitar el uso excesivo de componentes de clase.

Hook useState

El hook `useState` permite agregar estado a un componente funcional.

Ejemplo de useState:

```
import React, { useState } from 'react';

function Contador() {
  const [cuenta, setCuenta] = useState(0);

  return (
    <div>
      <p>Has clickeado {cuenta} veces</p>
      <button onClick={() => setCuenta(cuenta + 1)}>Clickea aquí</button>
    </div>
  );
}
```

Hook useEffect

El hook `useEffect` permite realizar efectos secundarios en componentes funcionales, como operaciones de fetch, suscripciones y actualizaciones del DOM.

Ejemplo de useEffect:

```
import React, { useState, useEffect } from 'react';

function Reloj() {
  const [fecha, setFecha] = useState(new Date());

  useEffect(() => {
    const timerID = setInterval(() => setFecha(new Date()), 1000);
    return () => clearInterval(timerID);
  }, []);

  return <h2>Son las {fecha.toLocaleTimeString()}.</h2>;
}
```

Otros Hooks Comunes
- **useContext:** Permite acceder al contexto de React.
- **useReducer:** Permite manejar el estado de componentes más complejos.
- **useRef:** Permite crear referencias que sobreviven a las renderizaciones.
- **useMemo y useCallback:** Optimizan el rendimiento de los componentes al memorizar valores y funciones.

Ejemplo de useRef:

```
import React, { useRef } from 'react';

function TextoEnfocable() {
  const inputEl = useRef(null);

  const enfocarInput = () => {
    inputEl.current.focus();
  };

  return (
    <div>
      <input ref={inputEl} type="text" />
      <button onClick={enfocarInput}>Enfocar Input</button>
    </div>
  );
}
```

Estos conceptos fundamentales de React permiten construir interfaces de usuario de manera eficiente y efectiva, aprovechando la modularidad y la reutilización de componentes.

16. Vue.js

Vue.js es un framework progresivo de JavaScript para construir interfaces de usuario. A diferencia de otros frameworks monolíticos, Vue está diseñado desde el principio para ser adoptable de manera incremental. La biblioteca central se enfoca solo en la capa de vista, y es fácil de integrar con otras bibliotecas o proyectos existentes.

16.1 Fundamentos de Vue.js

¿Qué es Vue.js?

Vue.js es un framework progresivo de JavaScript que permite construir interfaces de usuario de manera eficiente. Su arquitectura está diseñada para ser adaptable, lo que facilita su integración en proyectos de diferentes tamaños.

Instalación y Configuración
Usar CDN:

Puedes incluir Vue.js directamente desde un CDN:

```
<script src="https://cdn.jsdelivr.net/npm/vue@2"></script>
```

Usar Vue CLI:

Vue CLI es una herramienta oficial para inicializar y gestionar proyectos Vue.js.

```
npm install -g @vue/cli
vue create mi-proyecto
cd mi-proyecto
npm run serve
```

Instancia Vue

La instancia Vue es el núcleo de una aplicación Vue.js. Se crea mediante el constructor Vue y se asocia a un elemento del DOM.

Ejemplo de Instancia Vue:

```
<div id="app">
```

```
    {{ mensaje }}
</div>

<script>
  new Vue({
    el: '#app',
    data: {
      mensaje: 'Hola, Vue!'
    }
  });
</script>
```

16.2 Componentes, Directivas y Eventos

Componentes

Los componentes son instancias de Vue reusables que permiten dividir la aplicación en pequeñas piezas independientes.

Crear un Componente:

```
Vue.component('mi-componente', {
  template: '<div>Este es mi componente</div>'
});

new Vue({
  el: '#app'
});
```

Usar el Componente:

```
<div id="app">
  <mi-componente></mi-componente>
</div>
```

Directivas

Las directivas son atributos especiales en el DOM que permiten enlazar el comportamiento de la aplicación a la interfaz.

Directivas Comunes:

- **v-bind**: Enlaza atributos del DOM a datos de la instancia Vue.

  ```
  <img v-bind:src="imagenUrl">
  ```

- **v-model**: Crea un enlace bidireccional en un elemento de formulario.

  ```
  <input v-model="mensaje">
  ```

- **v-for**: Renderiza elementos basados en una lista de datos.

  ```
  <ul>
    <li v-for="item in items">{{ item.text }}</li>
  </ul>
  ```

- **v-if**: Condicionalmente renderiza un elemento.

  ```
  <p v-if="mostrar">Este texto se muestra condicionalmente</p>
  ```

Eventos

Vue permite manejar eventos mediante la directiva **v-on** o su alias @.

Escuchar Eventos:

```
<button v-on:click="contador += 1">Haz clic {{ contador }} veces</button>
```

Métodos para Eventos:

```
new Vue({
  el: '#app',
  data: {
    contador: 0
  },
  methods: {
```

```
    incrementar: function() {
      this.contador += 1;
    }
  }
});

<button @click="incrementar">Haz clic {{ contador }} 
veces</button>
```

16.3 Manejo del Estado con Vuex

Vuex es una biblioteca para manejar el estado en aplicaciones Vue.js. Es un patrón de gestión de estado + biblioteca para aplicaciones Vue. Vuex centraliza el estado de la aplicación en un solo lugar, facilitando el manejo y seguimiento de los cambios de estado.

Instalación y Configuración

Para instalar Vuex en tu proyecto, usa npm o yarn:

```
npm install vuex --save
```

Luego, crea un almacén Vuex:

```
import Vue from 'vue';
import Vuex from 'vuex';

Vue.use(Vuex);

const store = new Vuex.Store({
  state: {
    contador: 0
  },
  mutations: {
    incrementar(state) {
      state.contador++;
    }
  }
});
```

```
new Vue({
  el: '#app',
  store,
  computed: {
    contador() {
      return this.$store.state.contador;
    }
  },
  methods: {
    incrementar() {
      this.$store.commit('incrementar');
    }
  }
});
```

Estado, Mutaciones y Acciones
- **Estado:** Representa el estado único y reactivo de la aplicación.
- **Mutaciones:** Son las únicas formas de cambiar el estado en Vuex, y deben ser funciones síncronas.
- **Acciones:** Pueden contener operaciones asíncronas y llaman a mutaciones para cambiar el estado.

Ejemplo:

```
const store = new Vuex.Store({
  state: {
    contador: 0
  },
  mutations: {
    incrementar(state) {
      state.contador++;
    }
  },
  actions: {
    incrementarAsync({ commit }) {
      setTimeout(() => {
        commit('incrementar');
      }, 1000);
    }
  }
```

```
});
```

16.4 Vue Router

Vue Router es la biblioteca oficial de enrutamiento para Vue.js, que permite crear aplicaciones de una sola página con navegación sin recargas.

Instalación y Configuración

Para instalar Vue Router, usa npm o yarn:

```
npm install vue-router --save
```

Luego, define las rutas y configura el enrutador:

```
import Vue from 'vue';
import VueRouter from 'vue-router';

Vue.use(VueRouter);

const Home = { template: '<div>Home</div>' };
const About = { template: '<div>About</div>' };

const routes = [
  { path: '/', component: Home },
  { path: '/about', component: About }
];

const router = new VueRouter({
  routes
});

new Vue({
  el: '#app',
  router
});
```

Definición de Rutas

Las rutas se definen mapeando las URLs a los componentes correspondientes.

Ejemplo de Rutas:

```
const routes = [
  { path: '/', component: Home },
  { path: '/about', component: About },
  { path: '/contact', component: Contact }
];
```

Navegación de Enlaces

Para crear enlaces de navegación, usa el componente `router-link`.

Ejemplo de Navegación:

```
<div id="app">
  <router-link to="/">Home</router-link>
  <router-link to="/about">About</router-link>
  <router-view></router-view>
</div>
```

Parámetros de Ruta y Consultas

Las rutas pueden aceptar parámetros y consultas para pasar información dinámica a los componentes.

Parámetros de Ruta:

```
const routes = [
  { path: '/user/:id', component: User }
];
```

Acceder a Parámetros:

```
const User = {
  template: '<div>Usuario {{ $route.params.id }}</div>'
};
```

Consultas de Ruta:

```
const routes = [
```

```
  { path: '/search', component: Search }
];
```

Acceder a Consultas:

```
const Search = {
  template: '<div>Búsqueda: {{ $route.query.q }}</div>'
};
```

Vue.js es una herramienta poderosa y flexible para construir aplicaciones web modernas. Sus componentes reutilizables, directivas intuitivas y robusto ecosistema, incluyendo Vuex y Vue Router, hacen que el desarrollo de aplicaciones sea eficiente y manejable.

17. Angular

Angular es un framework de aplicaciones web desarrollado por Google. Está diseñado para simplificar el desarrollo y las pruebas de aplicaciones de una sola página proporcionando una arquitectura basada en componentes y numerosas herramientas y bibliotecas integradas.

17.1 Fundamentos de Angular

¿Qué es Angular?

Angular es un framework robusto y de alto rendimiento que permite crear aplicaciones web complejas. Utiliza TypeScript, un superconjunto de JavaScript que añade tipado estático y otros mecanismos de mejora del código.

Instalación de Angular CLI:

Angular CLI es una herramienta de línea de comandos que facilita la creación, configuración y administración de proyectos Angular.

```
npm install -g @angular/cli
ng new mi-proyecto
cd mi-proyecto
ng serve
```

Estructura de un Proyecto Angular

Un proyecto Angular típico incluye varias carpetas y archivos, entre ellos:

- `src/`: Contiene el código fuente de la aplicación.
- `app/`: Carpeta principal donde residen los componentes, servicios y otros elementos de la aplicación.
- `angular.json`: Archivo de configuración del proyecto Angular.
- `package.json`: Archivo de configuración de dependencias y scripts de npm.

Ejemplo de Estructura:

```
mi-proyecto/
├── src/
│   ├── app/
│   │   ├── components/
│   │   ├── services/
│   │   ├── app.module.ts
│   │   ├── app.component.ts
│   │   └── app.component.html
│   ├── assets/
│   └── index.html
├── angular.json
└── package.json
```

17.2 Componentes y Plantillas

Componentes

Los componentes son la unidad básica de construcción en Angular. Cada componente consta de un archivo TypeScript, una plantilla HTML y una hoja de estilos.

Crear un Componente:

```
ng generate component mi-componente
```

Ejemplo de Componente:

mi-componente.component.ts:

```
import { Component } from '@angular/core';

@Component({
  selector: 'app-mi-componente',
  templateUrl: './mi-componente.component.html',
  styleUrls: ['./mi-componente.component.css']
})
export class MiComponenteComponent {
  titulo = 'Hola, Angular!';
}
```

mi-componente.component.html:

```
<h1>{{ titulo }}</h1>
```

Plantillas y Enlace de Datos

Angular soporta el enlace de datos unidireccional y bidireccional entre la lógica de la aplicación y la vista.

Interpolación:

```
<p>{{ titulo }}</p>
```

Enlace de Propiedades:

```
<img [src]="imagenUrl">
```

Enlace de Eventos:

```
<button (click)="mostrarMensaje()">Haz clic</button>
```

Enlace Bidireccional:

html
Copiar código
```
<input [(ngModel)]="nombre">
```

17.3 Servicios e Inyección de Dependencias

Servicios

Los servicios son clases que proporcionan funcionalidades específicas y pueden ser compartidas por diferentes componentes. Se usan para la lógica de negocio, operaciones de datos y comunicación con servidores.

Crear un Servicio:

```
ng generate service mi-servicio
```

Ejemplo de Servicio:

`mi-servicio.service.ts:`

```
import { Injectable } from '@angular/core';

@Injectable({
  providedIn: 'root'
})
export class MiServicioService {
  obtenerDatos() {
    return ['dato1', 'dato2', 'dato3'];
  }
}
```

Inyección de Dependencias

La inyección de dependencias es un patrón de diseño en el que los objetos reciben sus dependencias desde una entidad externa en lugar de crearlas ellos mismos.

Uso del Servicio en un Componente:

`mi-componente.component.ts`:

```
import { Component, OnInit } from '@angular/core';
import { MiServicioService } from '../mi-servicio.service';

@Component({
  selector: 'app-mi-componente',
  templateUrl: './mi-componente.component.html',
  styleUrls: ['./mi-componente.component.css']
})
export class MiComponenteComponent implements OnInit 
{
  datos: string[];

  constructor(private miServicio: MiServicioService) 
{ }

  ngOnInit(): void {
    this.datos = this.miServicio.obtenerDatos();
  }
}
```

17.4 Enrutamiento en Angular

Configuración de Rutas

Angular Router permite navegar entre diferentes vistas o componentes de la aplicación.

Definir Rutas:

`app-routing.module.ts`:

```
import { NgModule } from '@angular/core';
```

```
import { RouterModule, Routes } from
'@angular/router';
import { MiComponenteComponent } from './mi-
componente/mi-componente.component';

const routes: Routes = [
  { path: 'mi-componente', component:
MiComponenteComponent },
  { path: '', redirectTo: '/inicio', pathMatch:
'full' },
  { path: '**', component:
PaginaNoEncontradaComponent }
];

@NgModule({
  imports: [RouterModule.forRoot(routes)],
  exports: [RouterModule]
})
export class AppRoutingModule { }
```

Importar el Módulo de Enrutamiento:

app.module.ts:

```
import { AppRoutingModule } from './app-
routing.module';

@NgModule({
  imports: [AppRoutingModule],
  // otras configuraciones
})
export class AppModule { }
```

Navegación

Enlaces de Navegación:

```
<a routerLink="/mi-componente">Ir a Mi Componente</a>
```

Visualización de Componentes de Ruta:

```
<router-outlet></router-outlet>
```

17.5 Formularios en Angular

Formularios Reactivos

Angular ofrece dos enfoques para trabajar con formularios: formularios reactivos y formularios basados en plantillas. Los formularios reactivos proporcionan un enfoque más escalable y controlable.

Configuración de Formularios Reactivos:

`app.module.ts`:

```
import { ReactiveFormsModule } from '@angular/forms';

@NgModule({
  imports: [ReactiveFormsModule],
  // otras configuraciones
})
export class AppModule { }
```

Creación de un Formulario Reactivo:

`mi-componente.component.ts`:

```
import { Component } from '@angular/core';
import { FormGroup, FormControl } from '@angular/forms';

@Component({
  selector: 'app-mi-componente',
  templateUrl: './mi-componente.component.html',
  styleUrls: ['./mi-componente.component.css']
})
export class MiComponenteComponent {
  miFormulario = new FormGroup({
    nombre: new FormControl(''),
    email: new FormControl('')
  });

  onSubmit() {
    console.log(this.miFormulario.value);
```

```
  }
}
```

mi-componente.component.html:

```html
<form [formGroup]="miFormulario" (ngSubmit)="onSubmit()">
  <label for="nombre">Nombre:</label>
  <input id="nombre" formControlName="nombre">

  <label for="email">Email:</label>
  <input id="email" formControlName="email">

  <button type="submit">Enviar</button>
</form>
```

17.6 HTTP y Observables

HTTPClient

El módulo `HttpClient` de Angular facilita la comunicación con servicios web y servidores.

Configuración de HttpClientModule:

app.module.ts:

```typescript
import { HttpClientModule } from '@angular/common/http';

@NgModule({
  imports: [HttpClientModule],
  // otras configuraciones
})
export class AppModule { }
```

Uso de HttpClient en un Servicio:

mi-servicio.service.ts:

```typescript
import { Injectable } from '@angular/core';
import { HttpClient } from '@angular/common/http';
```

```typescript
import { Observable } from 'rxjs';

@Injectable({
  providedIn: 'root'
})
export class MiServicioService {
  private apiUrl = 'https://api.ejemplo.com/datos';

  constructor(private http: HttpClient) { }

  obtenerDatos(): Observable<any> {
    return this.http.get<any>(this.apiUrl);
  }
}
```

Observables

Los observables son una parte integral de Angular y se utilizan para manejar datos asincrónicos.

Suscripción a un Observable:

`mi-componente.component.ts`:

```typescript
import { Component, OnInit } from '@angular/core';
import { MiServicioService } from '../mi-servicio.service';

@Component({
  selector: 'app-mi-componente',
  templateUrl: './mi-componente.component.html',
  styleUrls: ['./mi-componente.component.css']
})
export class MiComponenteComponent implements OnInit
{
  datos: any[];

  constructor(private miServicio: MiServicioService)
  { }

  ngOnInit(): void {
    this.miServicio.obtenerDatos().subscribe(datos =>
    {
```

```
    this.datos = datos;
  });
 }
}
```

Angular es un framework potente y flexible.

Parte 6: Pruebas y Buenas Prácticas

18. Pruebas en JavaScript

Las pruebas son una parte crucial del desarrollo de software, asegurando que el código funcione como se espera y ayudando a prevenir errores. Existen diferentes tipos de pruebas, como las pruebas unitarias, de integración y de extremo a extremo (end-to-end).

18.1 Unit tests con Jasmine y Jest

Las pruebas unitarias se enfocan en probar pequeñas unidades de código, como funciones o métodos, de manera aislada.

Jasmine

Jasmine es un framework de pruebas unitarias para JavaScript, con una sintaxis sencilla y clara.

Instalación:

```
npm install --save-dev jasmine
```

Configuración:

Crea un archivo de configuración de Jasmine:

```
npx jasmine init
```

Ejemplo de Prueba con Jasmine:

sum.js:

```js
function sum(a, b) {
  return a + b;
}
module.exports = sum;
```

sum.spec.js:

```js
const sum = require('./sum');

describe('sum', () => {
  it('debería sumar dos números', () => {
    expect(sum(1, 2)).toBe(3);
  });
});
```

Para ejecutar las pruebas, usa:

```
npx jasmine
```

Jest

Jest es un framework de pruebas unitarias mantenido por Facebook, conocido por su simplicidad y velocidad.

Instalación:

```
npm install --save-dev jest
```

Configuración:

Agrega un script en `package.json`:

```json
{
  "scripts": {
    "test": "jest"
  }
}
```

Ejemplo de Prueba con Jest:

sum.js:

```js
function sum(a, b) {
  return a + b;
}
module.exports = sum;
```

sum.test.js:

```js
const sum = require('./sum');

test('debería sumar dos números', () => {
  expect(sum(1, 2)).toBe(3);
});
```

Para ejecutar las pruebas, usa:

```
npm test
```

18.2 End-to-end testing con Cypress

Las pruebas de extremo a extremo (E2E) verifican que la aplicación funcione correctamente de principio a fin.

Cypress

Cypress es una herramienta para pruebas E2E que permite escribir y ejecutar pruebas de manera fácil y confiable.

Instalación:

```
npm install cypress --save-dev
```

Configuración:

Agrega un script en `package.json`:

```json
{
  "scripts": {
    "cypress:open": "cypress open"
  }
}
```

Para abrir Cypress, usa:

```
npm run cypress:open
```

Ejemplo de Prueba E2E con Cypress:

`cypress/integration/sample_spec.js`:

```
describe('Mi primera prueba E2E', () => {
  it('Visita la página de ejemplo y verifica el título', () => {
    cy.visit('https://example.cypress.io');
    cy.contains('type').click();
    cy.url().should('include', '/commands/actions');
    cy.get('.action-email').type('email@example.com')
      .should('have.value', 'email@example.com');
  });
});
```

18.3 Test-driven development (TDD)

El desarrollo basado en pruebas (TDD) es una metodología en la que se escriben las pruebas antes de escribir el código funcional.

Conceptos de TDD
- **Red-Green-Refactor:** Es el ciclo básico de TDD:
    1. **Red:** Escribir una prueba que falle.
    2. **Green:** Escribir el código mínimo necesario para pasar la prueba.
    3. **Refactor:** Refactorizar el código asegurándose de que las pruebas continúen pasando.

Beneficios de TDD
- **Mejora de la Calidad del Código:** El código escrito para pasar las pruebas es generalmente más limpio y mejor estructurado.

- **Menos Bugs:** Las pruebas exhaustivas aseguran que la mayoría de los errores se detecten antes de que lleguen a producción.
- **Facilita el Refactorizado:** Tener una suite de pruebas sólida permite cambiar y mejorar el código sin miedo a romper funcionalidades.

Implementación de TDD con Jest
Escribir una Prueba Fallida:

sum.test.js:

```
const sum = require('./sum');

test('debería sumar dos números', () => {
  expect(sum(1, 2)).toBe(3);
});
```

Escribir el Código Mínimo para Pasar la Prueba:

sum.js:

```
function sum(a, b) {
  return a + b;
}
module.exports = sum;
```

Refactorizar el Código:

Después de que la prueba pase, puedes refactorizar el código si es necesario, asegurándote de que todas las pruebas sigan pasando.

Esta sección cubre los aspectos esenciales de las pruebas en JavaScript, desde las pruebas unitarias hasta las pruebas de extremo a extremo, y destaca la importancia de las buenas prácticas como el desarrollo basado en pruebas (TDD). Las herramientas como Jasmine, Jest y Cypress son fundamentales para asegurar la calidad y la confiabilidad del código.

19. Buenas Prácticas de Programación en JavaScript

Las buenas prácticas de programación son esenciales para mantener el código limpio, legible y mantenible. Adoptar estas prácticas no solo mejora la calidad del código, sino que también facilita el trabajo en equipo y la escalabilidad de los proyectos.

19.1 Escribir Código Limpio y Legible

Nombres Significativos

Utiliza nombres de variables, funciones y clases que sean descriptivos y significativos.

Ejemplo:

```
// Mala práctica
let x = 10;

// Buena práctica
let maxUsers = 10;
```

Funciones Pequeñas y Focalizadas

Cada función debe realizar una sola tarea y hacerlo bien. Las funciones pequeñas son más fáciles de entender, probar y mantener.

Ejemplo:

```
// Mala práctica
function processUserData(user) {
  // muchas tareas dentro de una sola función
}
```

```
// Buena práctica
function validateUserData(user) { /* ... */ }
function saveUserData(user) { /* ... */ }
function notifyUser(user) { /* ... */ }
```

Consistencia en el Estilo de Código

Mantén un estilo de código consistente en todo el proyecto. Esto incluye la forma de nombrar variables, el uso de comillas, la indentación y otros aspectos del formato del código.

Ejemplo:

```
// Inconsistente
let nombre = 'Juan';
const edad = 30;
if (edad > 20) {
    console.log("Mayor de 20");
}

// Consistente
let nombre = 'Juan';
const edad = 30;
if (edad > 20) {
  console.log('Mayor de 20');
}
```

19.2 Uso Efectivo de Variables y Constantes

Evitar el Uso de Variables Globales

Las variables globales pueden causar conflictos y errores difíciles de rastrear. Usa `let` y `const` para declarar variables dentro del alcance local.

Ejemplo:

```
// Mala práctica
var contador = 0;

// Buena práctica
let contador = 0;
```

Preferir `const` sobre `let` para Variables Inmutables

Siempre que sea posible, utiliza `const` para declarar variables que no cambiarán su valor. Esto ayuda a prevenir errores accidentales y hace el código más predecible.

Ejemplo:

```
// Mala práctica
let maxUsers = 100;

// Buena práctica
const MAX_USERS = 100;
```

19.3 Manejo de Errores

Uso de Try-Catch

Utiliza bloques `try-catch` para manejar errores en lugar de permitir que se propaguen y causen fallos inesperados.

Ejemplo:

```
try {
  let data = JSON.parse(jsonString);
} catch (error) {
  console.error('Error al parsear JSON:', error);
}
```

Crear Mensajes de Error Claros

Asegúrate de que los mensajes de error sean descriptivos y útiles para facilitar la depuración.

Ejemplo:

```
function obtenerUsuario(id) {
  if (!id) {
    throw new Error('El ID del usuario es requerido.');
  }
  // lógica para obtener el usuario
```

}

19.4 Documentación y Comentarios

Comentarios Claros y Concisos

Los comentarios deben explicar el "por qué" y no el "qué". No sobrecargues el código con comentarios innecesarios.

Ejemplo:

```
// Mala práctica
// Incrementa el contador en 1
contador++;

// Buena práctica
// Actualiza el contador después de que el usuario
completa una acción
contador++;
```

Documentación del Código

Usa herramientas como JSDoc para documentar funciones, métodos y clases. Esto facilita la comprensión del código y su uso por otros desarrolladores.

Ejemplo:

```
/**
 * Calcula el área de un círculo.
 * @param {number} radio - El radio del círculo.
 * @returns {number} El área del círculo.
 */
function calcularAreaCirculo(radio) {
   return Math.PI * radio * radio;
}
```

19.5 Principios de Diseño de Software

DRY (Don't Repeat Yourself)
Evita la duplicación de código mediante la reutilización de funciones y módulos.

Ejemplo:
```
// Mala práctica
function calcularAreaRectangulo(ancho, alto) {
  return ancho * alto;
}
function calcularAreaCuadrado(lado) {
  return lado * lado;
}

// Buena práctica
function calcularAreaRectangulo(ancho, alto) {
  return ancho * alto;
}
function calcularAreaCuadrado(lado) {
  return calcularAreaRectangulo(lado, lado);
}
```

KISS (Keep It Simple, Stupid)
Mantén el código lo más simple posible. Evita la complejidad innecesaria y escribe código claro y directo.

Ejemplo:
```
// Mala práctica
function calcular(a, b, operacion) {
  if (operacion === 'sumar') {
    return a + b;
  } else if (operacion === 'restar') {
    return a - b;
  } else if (operacion === 'multiplicar') {
    return a * b;
  } else if (operacion === 'dividir') {
    return a / b;
  }
```

```
}
// Buena práctica
function sumar(a, b) { return a + b; }
function restar(a, b) { return a - b; }
function multiplicar(a, b) { return a * b; }
function dividir(a, b) { return a / b; }
```

19.6 Uso de Herramientas de Calidad de Código

Linters

Utiliza linters como ESLint para identificar y corregir problemas de estilo y errores potenciales en el código.

Instalación de ESLint:

```
npm install eslint --save-dev
npx eslint --init
```

Prettier

Prettier es una herramienta de formateo de código que asegura un estilo consistente en todo el proyecto.

Instalación de Prettier:

```
npm install prettier --save-dev
```

Configuración de Prettier:

Crea un archivo `.prettierrc` en la raíz del proyecto:

```
{
  "semi": true,
  "singleQuote": true,
  "printWidth": 80
}
```

19.7 Pruebas Automatizadas

Integración Continua

Configura pipelines de integración continua (CI) para ejecutar pruebas automáticamente en cada cambio de código. Herramientas como GitHub Actions, Travis CI y Jenkins pueden ayudar en este proceso.

Cobertura de Pruebas

Asegúrate de que las pruebas cubran la mayor parte del código posible. Utiliza herramientas como Istanbul para medir la cobertura de pruebas.

Instalación de Istanbul:

```
npm install nyc --save-dev
```

Uso de Istanbul:

Agrega un script en `package.json`:

```
{
  "scripts": {
    "test": "nyc mocha"
  }
}
```

Ejecutar las pruebas con cobertura:

```
npm test
```

Esta sección cubre las buenas prácticas de programación en JavaScript, destacando la importancia de escribir código limpio y legible, manejar errores de manera efectiva, documentar adecuadamente y seguir principios de diseño de software.

Además, enfatiza el uso de herramientas de calidad de código y la importancia de las pruebas automatizadas para mantener un alto estándar de calidad en los proyectos de software.

Parte 7: Proyectos

20. Proyectos Prácticos

En esta sección, vamos a presentar una serie de proyectos prácticos que abarcan diferentes aspectos y niveles de dificultad en el desarrollo con JavaScript. Estos proyectos están diseñados para reforzar los conceptos aprendidos a lo largo del libro y proporcionar experiencia práctica.

20.1 Proyecto 1: Calculadora Simple

Descripción: Una calculadora simple que permite realizar operaciones básicas como suma, resta, multiplicación y división.

Características:

- Interfaz de usuario con botones para números y operaciones.
- Pantalla para mostrar el resultado y la operación actual.
- Manejo de errores para evitar divisiones por cero y otras operaciones inválidas.

Tecnologías Utilizadas:

- HTML para la estructura de la interfaz.
- CSS para el estilo.
- JavaScript para la lógica de la calculadora.

Guía Paso a Paso:

1. Crear la estructura HTML básica con una pantalla y botones para los números y las operaciones.
2. Estilizar la calculadora con CSS para mejorar su apariencia.
3. Escribir el código JavaScript para manejar los clics de los botones y realizar las operaciones matemáticas.

Código de Ejemplo:

index.html:

```html
<!DOCTYPE html>
<html lang="en">
  <head>
    <meta charset="UTF-8" />
    <meta name="viewport" content="width=device-width, initial-scale=1.0" />
    <title>Calculadora</title>
    <link rel="stylesheet" href="styles.css" />
  </head>
  <body>
    <div class="calculator">
      <div id="display"></div>
      <div class="buttons">
        <button class="btn" data-value="7">7</button>
        <button class="btn" data-value="8">8</button>
        <button class="btn" data-value="9">9</button>
        <button class="btn" data-value="/">/</button>
        <button class="btn" data-value="4">4</button>
        <button class="btn" data-value="5">5</button>
        <button class="btn" data-value="6">6</button>
        <button class="btn" data-value="*">*</button>
        <button class="btn" data-value="1">1</button>
        <button class="btn" data-value="2">2</button>
        <button class="btn" data-value="3">3</button>
        <button class="btn" data-value="-">-</button>
        <button class="btn" data-value="0">0</button>
        <button class="btn" data-value=".">.</button>
        <button class="btn" data-value="=">=</button>
        <button class="btn" data-value="+">+</button>
```

```html
      <button class="btn clear"
data-value="C">C</button>
    </div>
   </div>
   <script src="script.js"></script>
  </body>
</html>
```

styles.css:

```css
body {
  display: flex;
  justify-content: center;
  align-items: center;
  height: 100vh;
  background-color: #f0f0f0;
  margin: 0;
  font-family: Arial, sans-serif;
}

.calculator {
  width: 250px;
  background-color: #fff;
  padding: 20px;
  border-radius: 10px;
  box-shadow: 0 4px 8px rgba(0, 0, 0, 0.1);
  display: grid;
  grid-template-rows: auto 1fr;
  grid-gap: 10px;
}

#display {
  width: 100%;
  height: 60px;
  margin-bottom: 10px;
  text-align: right;
  font-size: 2em;
  padding: 10px;
  border: 1px solid #ccc;
  border-radius: 5px;
  background-color: #000;
  color: #fff;
  box-sizing: border-box;
}
```

```css
.buttons {
  display: grid;
  grid-template-columns: repeat(
    4,
    1fr
  ); /* Usa 1fr para columnas proporcionales */
  grid-gap: 10px;
}

.btn {
  width: 100%; /* Asegura que el botón ocupe todo el espacio de la celda */
  height: 60px;
  font-size: 1.5em;
  cursor: pointer;
  border: 1px solid #ccc;
  border-radius: 5px;
  background-color: #f9f9f9;
  display: flex;
  justify-content: center;
  align-items: center;
  box-shadow: 0 2px 4px rgba(0, 0, 0, 0.1);
}

.btn:hover {
  background-color: #e0e0e0;
}

.btn.clear {
  grid-column: span 4; /* Asegura que el botón "C" ocupe todas las columnas */
  background-color: #f44336;
  color: #fff;
}

.btn.clear:hover {
  background-color: #e53935;
}
```

script.js:

```
document.addEventListener("DOMContentLoaded", () => {
```

```javascript
  const display = document.getElementById("display");
  const buttons = document.querySelectorAll(".btn");

  buttons.forEach((button) => {
    button.addEventListener("click", () => {
      const value = button.getAttribute("data-value");

      if (value === "=") {
        try {
          display.innerText = calculate(display.innerText);
        } catch {
          display.innerText = "Error";
        }
      } else if (value === "C") {
        display.innerText = "";
      } else {
        display.innerText += value;
      }
    });
  });

  function calculate(expression) {
    return new Function(`return ${expression}`)();
  }
});
```

20.2 Proyecto 2: To-Do List

Descripción: Una aplicación de lista de tareas que permite a los usuarios agregar, marcar como completadas y eliminar tareas.

Características:

- Añadir nuevas tareas.
- Marcar tareas como completadas.
- Eliminar tareas.
- Guardar tareas en el almacenamiento local del navegador.

Tecnologías Utilizadas:

- HTML para la estructura.
- CSS para el estilo.
- JavaScript para la lógica de la lista de tareas y almacenamiento local.

Guía Paso a Paso:

1. Crear la estructura HTML básica con un formulario para agregar tareas y una lista para mostrar las tareas.
2. Estilizar la aplicación con CSS.
3. Escribir el código JavaScript para manejar la adición, marcación y eliminación de tareas, así como el almacenamiento de las tareas en el almacenamiento local.

Código de Ejemplo:

index.html:

```html
<!DOCTYPE html>
<html lang="en">
<head>
  <meta charset="UTF-8">
  <meta name="viewport" content="width=device-width, initial-scale=1.0">
  <link rel="stylesheet" href="styles.css">
  <title>To-Do List</title>
</head>
<body>
  <div class="todo-app">
    <h1>Lista de Tareas</h1>
    <form id="todo-form">
      <input type="text" id="todo-input" placeholder="Nueva tarea">
      <button type="submit">Agregar</button>
    </form>
    <ul id="todo-list"></ul>
  </div>
  <script src="script.js"></script>
</body>
</html>
```

styles.css:

```css
body {
  display: flex;
  justify-content: center;
  align-items: center;
  height: 100vh;
  background-color: #f0f0f0;
  margin: 0;
  font-family: Arial, sans-serif;
}

.todo-app {
  background-color: white;
  border-radius: 10px;
  box-shadow: 0 0 20px rgba(0, 0, 0, 0.1);
  padding: 20px;
  width: 300px;
  text-align: center;
}

h1 {
  margin-top: 0;
}

form {
  display: flex;
  gap: 10px;
}

input[type="text"] {
  flex: 1;
  padding: 10px;
  border: 1px solid #ddd;
  border-radius: 5px;
}

button {
  padding: 10px;
  background-color: #4caf50;
  color: white;
  border: none;
  border-radius: 5px;
  cursor: pointer;
```

```css
}

button:hover {
  background-color: #45a049;
}

ul {
  list-style: none;
  padding: 0;
  margin-top: 20px;
}

li {
  padding: 10px;
  border: 1px solid #ddd;
  border-radius: 5px;
  display: flex;
  justify-content: space-between;
  align-items: center;
  margin-top: 10px;
}

li.completed {
  text-decoration: line-through;
  color: #aaa;
}

li button {
  background-color: #ff6666;
  border: none;
  color: white;
  border-radius: 5px;
  cursor: pointer;
  padding: 5px 10px;
}

li button:hover {
  background-color: #ff4d4d;
}
```

script.js:

```
const todoForm = document.getElementById('todo-form');
```

```javascript
const todoInput = document.getElementById('todo-input');
const todoList = document.getElementById('todo-list');

let todos = JSON.parse(localStorage.getItem('todos')) || [];

function renderTodos() {
  todoList.innerHTML = '';
  todos.forEach((todo, index) => {
    const li = document.createElement('li');
    li.classList.toggle('completed', todo.completed);

    const span = document.createElement('span');
    span.textContent = todo.text;
    span.addEventListener('click', () => toggleComplete(index));

    const button = document.createElement('button');
    button.textContent = 'Eliminar';
    button.addEventListener('click', () => deleteTodo(index));

    li.append(span, button);
    todoList.appendChild(li);
  });
}

function addTodo() {
  const text = todoInput.value.trim();
  if (text) {
    todos.push({ text, completed: false });
    todoInput.value = '';
    updateLocalStorage();
    renderTodos();
  }
}

function toggleComplete(index) {
  todos[index].completed = !todos[index].completed;
  updateLocalStorage();
  renderTodos();
}
```

```
function deleteTodo(index) {
  todos.splice(index, 1);
  updateLocalStorage();
  renderTodos();
}

function updateLocalStorage() {
  localStorage.setItem('todos', JSON.stringify(todos));
}

todoForm.addEventListener('submit', (e) => {
  e.preventDefault();
  addTodo();
});

renderTodos();
```

20.3 Proyecto 3: Aplicación de Conversión de Moneda

Descripción: Una aplicación web que permite a los usuarios convertir entre diferentes monedas utilizando una API de tipos de cambio en tiempo real.

Características:

- Selección de monedas de origen y destino.
- Entrada de cantidad a convertir.
- Mostrar el resultado de la conversión.
- Actualización en tiempo real de los tipos de cambio mediante una API.

Tecnologías Utilizadas:

- HTML para la estructura.
- CSS para el estilo.
- JavaScript para la lógica y la interacción con la API.

Guía Paso a Paso:

1. Crear la estructura HTML con selectores de moneda, un campo de entrada para la cantidad y un botón para realizar la conversión.
2. Estilizar la aplicación con CSS.
3. Escribir el código JavaScript para manejar la lógica de la conversión y la interacción con la API de tipos de cambio.

Código de Ejemplo:

`index.html`:

```html
<!DOCTYPE html>
<html lang="en">
<head>
  <meta charset="UTF-8">
  <meta name="viewport" content="width=device-width, initial-scale=1.0">
  <link rel="stylesheet" href="styles.css">
  <title>Conversor de Moneda</title>
</head>
<body>
  <div class="converter-app">
    <h1>Conversor de Moneda</h1>
    <form id="converter-form">
      <input type="number" id="amount" placeholder="Cantidad" required>
      <select id="from-currency" required>
        <!-- Opciones de moneda se agregarán dinámicamente -->
      </select>
      <select id="to-currency" required>
        <!-- Opciones de moneda se agregarán dinámicamente -->
      </select>
      <button type="submit">Convertir</button>
    </form>
    <p id="result"></p>
  </div>
  <script src="script.js"></script>
</body>
</html>
```

styles.css:

```css
body {
  display: flex;
  justify-content: center;
  align-items: center;
  height: 100vh;
  background-color: #f0f0f0;
  margin: 0;
  font-family: Arial, sans-serif;
}

.converter-app {
  background-color: white;
  border-radius: 10px;
  box-shadow: 0 0 20px rgba(0, 0, 0, 0.1);
  padding: 20px;
  width: 300px;
  text-align: center;
}

h1 {
  margin-top: 0;
}

form {
  display: flex;
  flex-direction: column;
  gap: 10px;
}

input, select, button {
  padding: 10px;
  border: 1px solid #ddd;
  border-radius: 5px;
  width: 100%;
}

button {
  background-color: #4caf50;
  color: white;
  border: none;
  cursor: pointer;
}
```

```css
button:hover {
  background-color: #45a049;
}

p {
  margin-top: 20px;
  font-size: 1.2em;
}
```

script.js:

```js
const form = document.getElementById('converter-form');
const amountInput = document.getElementById('amount');
const fromCurrency = document.getElementById('from-currency');
const toCurrency = document.getElementById('to-currency');
const resultDisplay = document.getElementById('result');

const apiKey = 'TU_API_KEY';  // Reemplaza con tu propia clave de API
const apiUrl = `https://api.exchangerate-api.com/v4/latest/USD`;

async function fetchCurrencies() {
  const response = await fetch(apiUrl);
  const data = await response.json();
  const currencies = Object.keys(data.rates);

  currencies.forEach(currency => {
    const optionFrom = document.createElement('option');
    const optionTo = document.createElement('option');
    optionFrom.value = currency;
    optionTo.value = currency;
    optionFrom.textContent = currency;
    optionTo.textContent = currency;
    fromCurrency.appendChild(optionFrom);
    toCurrency.appendChild(optionTo);
```

```
  });
}

async function convertCurrency(e) {
  e.preventDefault();
  const amount = amountInput.value;
  const from = fromCurrency.value;
  const to = toCurrency.value;

  const response = await 
fetch(`https://api.exchangerate-api.com/v4/latest/$
{from}`);
  const data = await response.json();
  const rate = data.rates[to];
  const result = amount * rate;

  resultDisplay.textContent = `${amount} ${from} = $
{result.toFixed(2)} ${to}`;
}

form.addEventListener('submit', convertCurrency);
document.addEventListener('DOMContentLoaded', 
fetchCurrencies);
```

20.4 Proyecto 4: Juego de Memoria

Descripción: Un juego de memoria en el que los jugadores deben encontrar pares de cartas idénticas.

Características:

- Tablero de juego con cartas volteables.
- Lógica para voltear y emparejar cartas.
- Contador de intentos.
- Reinicio del juego.

Tecnologías Utilizadas:

- HTML para la estructura.
- CSS para el estilo.
- JavaScript para la lógica del juego.

Guía Paso a Paso:

1. Crear la estructura HTML del tablero de juego.
2. Estilizar las cartas y el tablero con CSS.
3. Escribir el código JavaScript para manejar la lógica del juego, incluyendo voltear cartas, emparejarlas y reiniciar el juego.

Código de Ejemplo:

`index.html`:

```html
<!DOCTYPE html>
<html lang="en">
<head>
  <meta charset="UTF-8">
  <meta name="viewport" content="width=device-width, initial-scale=1.0">
  <link rel="stylesheet" href="styles.css">
  <title>Juego de Memoria</title>
</head>
<body>
  <div class="memory-game">
     <!-- Cartas del juego se generarán dinámicamente -->
  </div>
  <button id="reset-button">Reiniciar Juego</button>
  <script src="script.js"></script>
</body>
</html>
```

css

```css
body {
  display: flex;
  flex-direction: column;
  align-items: center;
  justify-content: center;
  height: 100vh;
  background-color: #f0f0f0;
  margin: 0;
  font-family: Arial, sans-serif;
```

```css
}

.memory-game {
  display: grid;
  grid-template-columns: repeat(4, 1fr);
  gap: 10px;
  margin-bottom: 20px;
}

.card {
  width: 100px;
  height: 100px;
  background-color: #333;
  border-radius: 10px;
  cursor: pointer;
  display: flex;
  align-items: center;
  justify-content: center;
  font-size: 2em;
  color: white;
  position: relative;
}

.card.flipped {
  background-color: #fff;
  color: #333;
}

#reset-button {
  padding: 10px 20px;
  background-color: #4caf50;
  color: white;
  border: none;
  border-radius: 5px;
  cursor: pointer;
}

#reset-button:hover {
  background-color: #45a049;
}
```

javascript

```javascript
const memoryGame = document.querySelector('.memory-game');
const resetButton = document.getElementById('reset-button');

const cardsArray = ['A', 'B', 'C', 'D', 'E', 'F', 'G', 'H'];
let cards = [...cardsArray, ...cardsArray];
let flippedCards = [];
let matchedCards = [];

function shuffle(array) {
  for (let i = array.length - 1; i > 0; i--) {
    const j = Math.floor(Math.random() * (i + 1));
    [array[i], array[j]] = [array[j], array[i]];
  }
  return array;
}

function createCard(cardValue) {
  const card = document.createElement('div');
  card.classList.add('card');
  card.dataset.value = cardValue;
  card.addEventListener('click', flipCard);
  return card;
}

function initializeGame() {
  memoryGame.innerHTML = '';
  cards = shuffle(cards);
  cards.forEach(cardValue => {
    const card = createCard(cardValue);
    memoryGame.appendChild(card);
  });
}

function flipCard() {
  if (flippedCards.length < 2 && !this.classList.contains('flipped')) {
    this.classList.add('flipped');
    this.textContent = this.dataset.value;
    flippedCards.push(this);

    if (flippedCards.length === 2) {
```

```
      checkMatch();
    }
  }
}

function checkMatch() {
  const [card1, card2] = flippedCards;
  const value1 = card1.dataset.value;
  const value2 = card2.dataset.value;

  if (value1 === value2) {
    card1.removeEventListener('click', flipCard);
    card2.removeEventListener('click', flipCard);
    matchedCards.push(card1, card2);
    flippedCards = [];

    if (matchedCards.length === cards.length) {
      alert('¡Has ganado!');
    }
  } else {
    setTimeout(() => {
      card1.classList.remove('flipped');
      card2.classList.remove('flipped');
      card1.textContent = '';
      card2.textContent = '';
      flippedCards = [];
    }, 1000);
  }
}

function resetGame() {
  flippedCards = [];
  matchedCards = [];
  initializeGame();
}

resetButton.addEventListener('click', resetGame);

initializeGame();
```

Este código crea un juego de memoria con las características descritas. Las cartas se generan dinámicamente en el tablero, se pueden voltear haciendo clic en ellas, y el juego incluye lógica para emparejar las cartas y un botón para reiniciar el juego.

Parte 8: Recursos Adicionales

21. Recursos y Lecturas Adicionales

Objetivo: Proporcionar una lista de recursos y lecturas adicionales que los desarrolladores pueden utilizar para profundizar su conocimiento y mantenerse actualizados con las últimas tendencias y prácticas en el desarrollo con JavaScript.

21.1 Documentación Oficial y Comunidades

Descripción: La documentación oficial y las comunidades en línea son recursos vitales para cualquier desarrollador. Aquí se enumeran las principales fuentes de documentación y comunidades activas.

Recursos:

- **Documentación Oficial de JavaScript:**
    - MDN Web Docs: La documentación más completa y confiable para JavaScript, mantenida por Mozilla.
    - ECMAScript Language Specification: La especificación oficial de ECMAScript, el estándar en el que se basa JavaScript.
- **Comunidades y Foros:**

- Stack Overflow: Foro popular donde los desarrolladores hacen y responden preguntas sobre JavaScript.
- Reddit - r/javascript: Subreddit dedicado a discusiones sobre JavaScript.
- Dev.to: Comunidad de desarrolladores que comparte artículos y tutoriales sobre JavaScript.

MDN Web Docs:
La guía definitiva para desarrolladores de JavaScript de todos los niveles. Incluye documentación detallada, ejemplos, y guías para todas las características del lenguaje.

Stack Overflow:
Una comunidad de desarrolladores donde se puede hacer preguntas y encontrar respuestas a problemas comunes y complejos de JavaScript.

21.2 Cursos y Tutoriales Recomendados

Descripción: Lista de cursos y tutoriales en línea que cubren desde los conceptos básicos hasta temas avanzados en JavaScript.

Recursos:

- **Cursos en Línea:**
  - JavaScript: Understanding the Weird Parts (Udemy): Curso profundo que cubre los aspectos más complicados del lenguaje.
  - The Complete JavaScript Course 2023 (Udemy): Curso completo que abarca desde lo básico hasta proyectos avanzados.
- **Tutoriales Gratuitos:**

- **freeCodeCamp**: Currículo gratuito que incluye algoritmos y estructuras de datos en JavaScript.
- **pildorasinformaticas.es**: Curso JavaScript completo, bien explicado y gratuito.
- **JavaScript.info**: Tutorial completo y detallado sobre JavaScript, adecuado para principiantes y desarrolladores avanzados.

21.3 Herramientas y Utilidades Avanzadas

Descripción: Conjunto de herramientas y utilidades que pueden mejorar la eficiencia del desarrollo con JavaScript, desde entornos de desarrollo integrados (IDEs) hasta bibliotecas y frameworks útiles.

Recursos:

- **IDEs y Editores de Código:**
    - Visual Studio Code: Un editor de código fuente gratuito y poderoso con extensiones para JavaScript.
    - WebStorm: Un IDE comercial específicamente diseñado para el desarrollo web, incluyendo JavaScript.
- **Bibliotecas y Frameworks:**
    - Lodash: Biblioteca moderna de utilidades JavaScript que proporciona funciones de ayuda para tareas comunes.
    - Moment.js: Biblioteca para manejar fechas y horas en JavaScript (Nota: actualmente, se recomienda considerar alternativas más modernas como date-fns).
- **Herramientas de Desarrollo:**

- ESLint: Herramienta de linting para identificar y reportar patrones en el código JavaScript.
- Webpack: Un empaquetador de módulos para aplicaciones JavaScript modernas.

Visual Studio Code:
Un editor de código ligero y potente, ampliamente utilizado por la comunidad de desarrolladores de JavaScript. Sus extensiones permiten una personalización y funcionalidad adicionales.

Lodash:
Ofrece utilidades modulares que mejoran la productividad al proporcionar métodos para manipulación de matrices, objetos y otros tipos de datos.

Los recursos adicionales proporcionados en esta sección son esenciales para cualquier desarrollador que busque mejorar sus habilidades y mantenerse al día con las mejores prácticas en JavaScript. La documentación oficial, las comunidades activas, los cursos recomendados y las herramientas avanzadas forman una base sólida para el aprendizaje continuo y el desarrollo eficiente en JavaScript.

22. Apéndices

Objetivo: Proveer recursos útiles para mejorar la eficiencia en el desarrollo con JavaScript, como atajos de teclado, referencias rápidas de sintaxis y un glosario de términos clave.

22.1 Atajos de Teclado y Trucos de Desarrollo

Descripción: Atajos de teclado y trucos pueden acelerar significativamente el proceso de desarrollo. Esta sección incluye atajos para los editores de código más populares y algunos trucos útiles para los desarrolladores de JavaScript.

Atajos de Teclado:

- **Visual Studio Code:**
    - **Ctrl + P:** Rápida apertura de archivos.
    - **Ctrl + Shift + P:** Acceso a la paleta de comandos.
    - **Ctrl + /:** Comentar o descomentar una línea.
    - **Ctrl + D:** Selección de la siguiente ocurrencia de la palabra seleccionada.
    - **Alt + Shift + ↓ / ↑:** Copiar línea hacia abajo/arriba.
    - **Ctrl + B:** Alternar la barra lateral de navegación.
- **WebStorm:**
    - **Ctrl + E:** Ver la lista de archivos recientes.
    - **Shift + Shift:** Búsqueda universal (archivos, clases, símbolos, configuraciones).
    - **Ctrl + Alt + L:** Formatear el código.
    - **Ctrl + Shift + Enter:** Completar la declaración.
    - **Alt + Enter:** Mostrar acciones de intención y correcciones rápidas.

Trucos de Desarrollo:

- **Uso de la Consola del Navegador:**
    - **console.log():** Imprimir mensajes y variables en la consola.
    - **console.table():** Mostrar datos tabulares de forma organizada.
    - **console.time() / console.timeEnd():** Medir el tiempo de ejecución de bloques de código.
- **Debugging:**
    - **Puntos de Interrupción (Breakpoints):** Utilizar breakpoints en el inspector del navegador para

detener la ejecución y examinar el estado de la aplicación.
- **Step Over, Step Into, Step Out:** Comandos de depuración para navegar a través del código línea por línea.

Visual Studio Code:

- **Ctrl + P:** Rápida apertura de archivos.
- **Ctrl + Shift + P:** Acceso a la paleta de comandos.
- **Ctrl + /:** Comentar o descomentar una línea de código.

22.2 Referencias Rápidas de Sintaxis

Descripción: Tener a mano una referencia rápida de sintaxis puede ser extremadamente útil para recordar cómo se utilizan ciertas características del lenguaje. Esta sección proporciona ejemplos básicos y avanzados de la sintaxis de JavaScript.

Referencias Rápidas:

- **Variables:**

  ```
  let variable = 'valor';
  const constante = 42;
  var antiguaVariable = true;
  ```

- **Funciones:**

  ```
  // Función declarativa
  function saludar(nombre) {
    return `Hola, ${nombre}!`;
  }

  // Función de flecha
  const sumar = (a, b) => a + b;
  ```

- **Estructuras de Control:**

  ```
  // Condicional
  if (condicion) {
    // código
  } else {
    // código
  }

  // Bucle for
  for (let i = 0; i < 10; i++) {
    // código
  }

  // Bucle while
  while (condicion) {
    // código
  }
  ```

- **Manipulación del DOM:**

  ```
  // Seleccionar un elemento
  const elemento = document.querySelector('.clase');

  // Cambiar el contenido
  elemento.textContent = 'Nuevo contenido';
  ```

Variables:

```
let nombre = 'Juan';
const edad = 30;
var esEstudiante = true;
```

22.3 Glosario de Términos

Descripción:

Un glosario de términos clave ayuda a aclarar conceptos importantes y puede ser una referencia útil para desarrolladores de todos los niveles.

Glosario:

- **API (Application Programming Interface):**
Conjunto de reglas y definiciones que permiten que las aplicaciones se comuniquen entre sí.

- **Asíncrono:**
Modelo de programación en el que las operaciones se realizan de forma no bloqueante, permitiendo que otras operaciones continúen antes de que la anterior haya finalizado.

- **Closure:**
Función que recuerda el entorno en el cual fue creada, permitiendo acceder a variables de ese entorno incluso después de que la función externa haya terminado de ejecutarse.

- **Callback:**
Función que se pasa como argumento a otra función y que se ejecuta después de que se complete una operación.

- **Hoisting:**
Comportamiento de JavaScript en el que las declaraciones de variables y funciones se mueven al principio de su contexto de ejecución antes de que se ejecute el código.

- **Promesa (Promise):**
Objeto que representa la eventual finalización (o falla) de una operación asíncrona y su valor resultante.

- **Scope:**

Contexto en el que las variables están disponibles para su uso. Puede ser global o local.

- **Event Loop:**
Mecanismo que maneja la ejecución de operaciones asíncronas en JavaScript, permitiendo que las tareas se coloquen en la cola de eventos y se ejecuten de manera ordenada.

Closure:
Función que retiene referencias a las variables de su entorno léxico, permitiendo que acceda a esas variables incluso después de que la función externa haya terminado de ejecutarse.

```
function crearContador() {
  let contador = 0;
  return function() {
    contador++;
    return contador;
  };
}

const contador = crearContador();
console.log(contador()); // 1
console.log(contador()); // 2
```

Soluciones ejercicios Parte 2: Fundamentos del Lenguaje

1. **Comentarios:**

   ```
   // Este programa imprime "Hola, Mundo" en la
   consola
   console.log("Hola, Mundo");
   ```

2. **Variables y tipos de datos:**

```javascript
let nombre = "Tu Nombre";
let edad = 25;
console.log("Nombre:", nombre);
console.log("Edad:", edad);
```

3. **Operadores:**

```javascript
let longitud = 5;
let ancho = 10;
let area = longitud * ancho;
console.log("El área del rectángulo es:", area);
```

4. **Condicionales (if, else, switch):**

```javascript
let nota = 75;
if (nota >= 60) {
    console.log("Aprobado");
} else {
    console.log("Suspenso");
}
```

5. **Bucles (for, while, do-while):**

```javascript
for (let i = 1; i <= 10; i++) {
    console.log(i);
}
```

6. **Manejo de errores (try, catch, finally):**

```javascript
function convertirACadena(numero) {
    try {
        return Number(numero);
    } catch (error) {
        console.error("Error de conversión:", error);
    }
}
console.log(convertirACadena("123")); // 123
console.log(convertirACadena("abc")); // Error
```

7. **Declaración de funciones:**

```
function saludar(nombre) {
    return "Hola, " + nombre + "!";
}
console.log(saludar("Juan")); // "Hola, Juan!"
```

8. **Parámetros y argumentos:**

```
function suma(a, b) {
    return a + b;
}
console.log(suma(5, 10)); // 15
```

9. **Ámbitos de las funciones:**

```
function mostrarVariable() {
    let variableInterna = "Soy interna";
    console.log(variableInterna); // "Soy interna"
}
mostrarVariable();
console.log(variableInterna); // Error: variableInterna no está definida
```

10. **Funciones anidadas:**

```
function externa() {
    let mensaje = "Hola desde la función externa.";
    function interna() {
        return mensaje + " Y este es el mensaje de la función interna.";
    }
    return interna();
}
console.log(externa());
```

11. **Objetos:**

```
let persona = {
    nombre: "Juan",
    edad: 30,
    saludar: function() {
        return "Hola, soy " + this.nombre;
```

```
    }
};
console.log(persona.saludar()); // "Hola, soy
Juan"
```

12. **Arrays:**

```
let nombres = ["Ana", "Luis", "Carlos"];
console.log(nombres[0]); // "Ana"
console.log(nombres[nombres.length - 1]); //
"Carlos"
```

13. **Iteración sobre Objetos y Arrays:**

```
let numeros = [1, 2, 3, 4, 5];
for (let i = 0; i < numeros.length; i++) {
    console.log(numeros[i]);
}
```

14. **Desestructuración de Arrays:**

```
let colores = ["rojo", "verde", "azul"];
let [primerColor, segundoColor] = colores;
console.log(primerColor); // "rojo"
console.log(segundoColor); // "verde"
```

Soluciones ejercicios Parte 3: Programación Avanzada

15. **Conceptos básicos de POO:**

```
class Animal {
    constructor(nombre) {
        this.nombre = nombre;
    }

    hablar() {
        console.log("El animal hace un sonido");
    }
}
```

16. **Clases y objetos:**

```
const animal = new Animal("Perro");
animal.hablar(); // "El animal hace un sonido"
```

17. **Herencia:**

```
class Perro extends Animal {
    hablar() {
        console.log("El perro ladra");
    }
}

const perro = new Perro("Firulais");
perro.hablar(); // "El perro ladra"
```

18. **Encapsulación:**

```
class Perro extends Animal {
    #raza;

    constructor(nombre, raza) {
        super(nombre);
        this.#raza = raza;
    }

    getRaza() {
        return this.#raza;
    }
}

const perro = new Perro("Firulais", "Labrador");
console.log(perro.getRaza()); // "Labrador"
```

19. **Polimorfismo:**

```
class Gato extends Animal {
    hablar() {
        console.log("El gato maúlla");
    }
}
```

```
function hacerHablar(animal) {
    animal.hablar();
}

const gato = new Gato("Misi");
hacerHablar(gato);  // "El gato maúlla"
hacerHablar(perro); // "El perro ladra"
```

20. **Métodos estáticos y propiedades estáticas:**

```
class Perro extends Animal {
    static crearPerro(nombre) {
        return new Perro(nombre);
    }
}

const nuevoPerro = Perro.crearPerro("Luna");
nuevoPerro.hablar(); // "El perro ladra"
```

21. **Funciones flecha:**

```
const sumar = (a, b) => a + b;
console.log(sumar(3, 4)); // 7
```

22. **Funciones de orden superior:**

```
function ejecutarFuncion(funcion, valor) {
    funcion(valor);
}

const saludar = (nombre) => console.log("Hola, " + nombre);
ejecutarFuncion(saludar, "Juan"); // "Hola, Juan"
```

23. **Closures:**

```
function crearSaludo(saludo) {
    return function(nombre) {
        console.log(saludo + ", " + nombre);
    };
}
```

```javascript
const saludoHola = crearSaludo("Hola");
saludoHola("Juan"); // "Hola, Juan"
```

24. Funciones asíncronas – Async/Await:

```javascript
async function obtenerDatos() {
    try {
        const respuesta = await fetch('https://jsonplaceholder.typicode.com/users');
        if (!respuesta.ok) {
            throw new Error('Error en la petición');
        }
        const datos = await respuesta.json();
        console.log(datos);
    } catch (error) {
        console.error('Error:', error);
    }
}

obtenerDatos();
```

25. Funciones generadoras:

```javascript
function* generadorPares() {
    let numero = 0;
    while (numero <= 18) {
        yield numero;
        numero += 2;
    }
}

const generador = generadorPares();
console.log(generador.next().value); // 0
console.log(generador.next().value); // 2
console.log(generador.next().value); // 4
console.log(generador.next().value); // 6
console.log(generador.next().value); // 8
console.log(generador.next().value); // 10
console.log(generador.next().value); // 12
console.log(generador.next().value); // 14
console.log(generador.next().value); // 16
console.log(generador.next().value); // 18
```

26. **Funciones inmediatas:**

```
(function() {
    console.log("Función autoejecutable");
})();
```

27. **Introducción al DOM:**

```
document.getElementById('titulo').textContent = "Nuevo Título";
```

28. **Selección de elementos:**

```
const elementos = document.querySelectorAll('.item');
elementos.forEach(elemento => {
    elemento.style.backgroundColor = 'yellow';
});
```

29. **Manipulación del contenido:**

```
const lista = document.getElementById('lista');
const nuevoElemento = document.createElement('li');
nuevoElemento.textContent = 'Nuevo elemento';
lista.appendChild(nuevoElemento);
```

30. **Manipulación de estilos:**

```
const primerParrafo = document.querySelector('p');
primerParrafo.style.color = 'blue';
```

31. **Eventos:**

```
const boton = document.getElementById('boton');
boton.addEventListener('click', () => {
    console.log('Botón clickeado');
});
```

32. **Creación y eliminación de elementos:**

```
const div = document.createElement('div');
```

```
div.textContent = 'Elemento dinámico';
document.body.appendChild(div);

setTimeout(() => {
    document.body.removeChild(div);
}, 5000);
```

33. Introducción a AJAX:

```
const xhr = new XMLHttpRequest();
xhr.open('GET',
'https://jsonplaceholder.typicode.com/users',
true);
xhr.onload = function() {
    if (xhr.status >= 200 && xhr.status < 300)
{

console.log(JSON.parse(xhr.responseText));
    } else {
        console.error('Error en la petición');
    }
};
xhr.send();
```

34. Métodos XMLHttpRequest:

```
const xhr = new XMLHttpRequest();
xhr.open('GET',
'https://jsonplaceholder.typicode.com/users',
true);
xhr.onload = function() {
    if (xhr.status >= 200 && xhr.status < 300)
{

console.log(JSON.parse(xhr.responseText));
    } else {
        console.error('Error en la petición');
    }
};
xhr.send();
```

35. Fetch API:

```
fetch('https://jsonplaceholder.typicode.com/users')
    .then(response => {
        if (!response.ok) {
            throw new Error('Error en la petición');
        }
        return response.json();
    })
    .then(data => console.log(data))
    .catch(error => console.error('Error:', error));
```

36. Manejo de errores:

```
fetch('https://jsonplaceholder.typicode.com/users')
    .then(response => {
        if (!response.ok) {
            throw new Error('Error en la petición');
        }
        return response.json();
    })
    .then(data => console.log(data))
    .catch(error => console.error('Error:', error));
```

37. Peticiones asíncronas con async/await:

```
async function obtenerDatos() {
    try {
        const respuesta = await fetch('https://jsonplaceholder.typicode.com/users');
        if (!respuesta.ok) {
            throw new Error('Error en la petición');
        }
        const datos = await respuesta.json();
        console.log(datos);
    } catch (error) {
        console.error('Error:', error);
    }
}
```

```
}
obtenerDatos();
```

Conclusión

Resumen de Conceptos Clave

En este libro, hemos explorado los fundamentos y las características avanzadas de JavaScript, uno de los lenguajes de programación más versátiles y poderosos en el desarrollo web. Desde los conceptos básicos hasta las técnicas más sofisticadas, hemos cubierto:

- **Fundamentos del lenguaje**: Variables, tipos de datos, operadores, estructuras de control y funciones.
- **Programación orientada a objetos**: Clases, herencia y patrones de diseño.
- **Programación funcional**: Funciones de orden superior, closures y currying.
- **Manejo del DOM**: Manipulación de elementos, eventos y estilos.
- **Asincronía**: Callbacks, promesas, async/await y manejo de errores.
- **Uso de librerías y frameworks**: jQuery, Vue.js, React y otros.
- **Modularización y gestión de dependencias**: CommonJS, ES6 Modules y NPM.

Inspiración para el Futuro

El aprendizaje de JavaScript no termina aquí. La comunidad de JavaScript está en constante evolución, con nuevas herramientas, técnicas y mejores prácticas emergiendo regularmente. Te animo a:

- **Seguir experimentando**: Prueba nuevos proyectos, contribuye a proyectos de código abierto, y explora diferentes frameworks y librerías.
- **Mantenerte actualizado**: Sigue blogs, foros y comunidades como Stack Overflow, GitHub y Reddit. Participa en conferencias y meetups.
- **Mejorar tus habilidades**: Profundiza en temas avanzados como la optimización del rendimiento, la seguridad y el desarrollo de aplicaciones progresivas (PWA).

Agradecimientos

Agradezco a todos los lectores por acompañarme en este viaje a través del mundo de JavaScript. Espero que este libro haya sido una guía útil y te haya inspirado a convertirte en un desarrollador más competente y creativo.

Despedida

El dominio de JavaScript abre innumerables puertas en el desarrollo web y más allá. Con persistencia y curiosidad, puedes crear aplicaciones impresionantes y contribuir a la evolución de la tecnología. ¡Buena suerte en tu viaje de programación y sigue creando cosas increíbles con JavaScript!

Todos los derechos de autor de este contenido están reservados. Ninguna parte de este trabajo puede ser reproducida, distribuida o transmitida de ninguna forma o por ningún medio, incluyendo fotocopias, grabaciones u otros métodos electrónicos o mecánicos, sin el permiso previo por escrito del titular de los derechos de autor, excepto en el caso de citas breves en artículos críticos o revisiones. Para obtener permisos de reproducción, contáctame a través de rbk_po@hotmail.com.

www.ingramcontent.com/pod-product-compliance
Lightning Source LLC
Chambersburg PA
CBHW050056230526
45470CB00004B/1561